W0181140

DRYAS

Gabriel A. Neumann

Masala Highway

Abenteuer Alltag in Indien

Dryas Verlag

Mix
Produktgruppe aus vorbildlich bewirtschafteten
Wäldern und anderen kontrollierten Herkünften
www.fsc.org Zert.-Nr. IMO-COC-26041
© 1996 Forest Stewardship Council

Das für dieses Buch eingesetzte Papier ist ein Produkt aus
nachhaltiger Forstwirtschaft. Klimaneutral gedruckt.

1. Auflage 2010

Umschlaggestaltung: Rosa Segerer, Segerer Design
Umschlagbild und Bildteil: Gabriel A. Neumann,
außer Bild 4 u. 13: Stefanie Neumann,
sowie 5 u. 15: Michael Neumann-Adrian
Herstellung: Gabriel A. Neumann, Heidelberg
Druck: Druckerei Lokay e.K., Reinheim
Korrektorat: Julia Kaufhold, Goldfinch Books,
Hamburg
Lektorat: Sandra Thoms

Bibliografische Information der Deutschen Bibliothek:
Die Deutsche Bibliothek verzeichnet diese Publikation
in der Deutschen Nationalbiografie, detaillierte
bibliografische Daten sind im Internet über
http://dnb.ddb.de abrufbar

ISBN: 978-3-940855-18-3
www.dryas.de

Für Steffie

Gabriel A. Neumann:
Masala Highway
Abenteuer Alltag in Indien

Vorab: Dryas Verlag setzt sich für bewusstes Reisen ein

Liebe Leserinnen und Leser,

die Reisebücher des Dryas Verlags beschreiben das Leben und den Alltag in anderen Kulturen. Sie sollen Sie inspirieren, bewusst zu reisen, mit offenen Augen, und Unterschiede als Bereicherung zu erfahren.

Bewusstes Reisen heißt für mich, offen zu sein für Anderes und Neues, es aktiv anzunehmen – es heißt aber auch, nicht die Augen zu verschließen vor Problemen, und diese ebenso aktiv anzugehen. Aus diesem Grund spendet der Verlag für jedes verkaufte Buch 50 Cent an eine Organisation, die in der jeweils beschriebenen Region soziale, kulturelle oder ökologische Projekte unterstützt.

Der Dryas Verlag ist auch Mitglied im „Forum anders Reisen e.V.", ein Zusammenschluss, der sich für Tourismusformen einsetzt, die langfristig ökologisch tragbar, wirtschaftlich machbar sowie ethisch und sozial gerecht für ortsansässige Gemeinschaften sind. Diesem Ziel der Nachhaltigkeit verpflichten wir uns.

Die mit dem Ihnen vorliegenden Buch gesammelten Spenden gehen an den Verein „Deutsch-Indische Zusammenarbeit", der gemeinsam mit lokalen Partnern die Lebensbedingungen der armen Bevölkerung Indiens verbessert. Mehr zu den Projekten des Vereins erfahren Sie im Buch und unter www.diz-ev.de.

Ich bedanke mich für Ihr Interesse und Ihren Beitrag zu dem Projekt und wünsche viel Vergnügen beim Entdecken der Vielfalt Indiens.

Sandra Thoms
Verlegerin Dryas Verlag

Inhaltsverzeichnis

Masala Highway

Meine Freundin ist entsetzt. Dabei kann sie sonst nichts so leicht aus der Fassung bringen. Die nächtliche Ankunft im schwül-klebrigen Flughafen von Bombay[1], die scheinbar nicht enden wollende Taxifahrt durch dunkle Vororte, die abblätternde Farbe im Badezimmer unseres ersten Hotelzimmers: Mit einem „Was soll's, morgen ist ein neuer Tag" kommentiert sie den wenig einladenden ersten Eindruck, der so gar nicht an die bunten Bollywood-Szenerien erinnert, und todmüde von der Zwölf-Stunden-Reise schlafen wir ein.

Der Schock kommt am nächsten Morgen. „Ich krieg' die Krise!", ruft sie und kann das Gehupe der Autos, das Geschnatter der Verkäufer und die allgemeine Kakophonie der Straße doch nicht übertönen. Vor ihre Füße spuckt ein Typ im Businesshemd etwa einen Viertelliter Blut. Eigentlich ist es nur Paan, das Nationallaster Indiens, eine Mischung aus Arekanuss und Kautabak, das hübsch auf einem knallgrünen Betelblatt serviert wird, manchmal verziert von einer hauchdünnen Schicht Blattsilber. Kaut man es, zieht das Betel alle Säfte des Körpers im Mund zusammen, färbt Speichel und Zähne rot wie die Testtabletten in der Zahnpastawerbung – und bald auch den Bürgersteig. Bettler strecken ihre Hand nach uns

---

1   Der offizielle Name der Metropole an der Westküste Indiens lautet Mumbai – ein Beispiel für viele Namensänderungen indischer Orte und Straßen, die der indische Staat in den letzten Jahrzehnten verordnete. Im Alltag – dem deutschen wie dem indischen – werden die alten Bezeichnungen aber weiter verwendet. Wo keine Verwechslungsgefahr besteht, folgt dieses Buch dem Sprachgebrauch.

aus und zupfen uns am Ärmel, zwischen den Autos bittet ein Mädchen im Kindergartenalter mit einem winzigen Säugling im Arm um ein paar Rupien. Tausend durchdringende Blicke scheinen sich auf uns Neuankömmlinge zu richten. Dann ist da der Geruch. Bombay stinkt nach Abfall und Autoabgasen und duftet nach der tropischen Feuchtigkeit des letzten Monsun, den Gewürzen in den scharfen Samosas, dem zuckersüßen Kulfi und den vielen anderen Leckereien, die an der Straße zubereitet werden. Auf Indien kann man sich nicht vorbereiten. Viele drehen um, kaum dass sie angekommen sind, weil sie die Flut der tausend Reize nicht ertragen, die plötzlich auf den Besucher einbrechen. Nicht allein die Zahl der Eindrücke ist es, was so erschöpfend wirkt. Es ist das Nebeneinander von Unvereinbarem, das jedes „Kenn' ich schon!" als lächerlichen Selbstbetrug entlarvt: ärmliche Hütten und Märchenpaläste, Slums zu Füßen von Hochhaustürmen der Großkonzerne, Prüderie und Eunuchen, die in Frauenkleidern Götter spielen – könnte man Länder schmecken, der Subkontinent würde nie langweilig werden, so viele Kostproben man sich auch genehmigt. Indien ist eine einzigartige Mischung der gegensätzlichen Ingredienzien, ein Masala für eine besonders gut gewürzte Portion Leben. Bei der großen Vielfalt, die Land und Leute bieten, kann nicht immer alles munden, was man versucht. Aber was bleibt, ist kein schlechter Nachgeschmack – im Gegenteil, Indien macht Appetit auf mehr.

So geht es mir, seit ich zum ersten Mal Indien besuchte. Und glücklicherweise hat auch meine Freundin den Schock der ersten Tage schnell überwunden. Wenigstens eine der vielen Sprache – allein achtzehn offizielle zählt das Land – wollte ich lernen, als ich Anfang 1996 zum ersten Mal das Land besuchte.

Eineinhalb Jahre Vorbereitung in Deutschland waren meiner Reise vorangegangen, an der Universität Heidelberg hatte ich etwas Hindi gelernt und einige Kurse zur indischen Geschichte besucht. Beides wollte ich in Benares, bei einer Lehrerin der dortigen Hindu University, vertiefen. Ausgerechnet Benares, das heute offiziell Varanasi heißt und dessen alter Name Kashi lautet, die Stadt des Lichts. Ein Licht, das nicht nur wärmt – für mich waren die Wochen dort eine Feuertaufe. Ich weiß nicht, was faszinierender war: die Rikschawallas, die unverschämte Preise verlangten, die auf ein Zehntel sanken, sobald sie mich auf Hindi sprechen hörten, und auf ein Zwanzigstel, wenn mein Zielort keiner der von Touristen besuchten Plätze war? Oder das Labyrinth der Altstadtgassen, die auch heute noch so wirken, als hätten sie sich seit Jahrtausenden nicht verändert, mal abgesehen von den dröhnenden Stromaggregaten, die mit Dieselgeruch bei Stromausfall für Licht und Lärm sorgen?

Benares ist der heiligste Ort der Hindus, denn wer hier, an den Ghats, den Stufen am Ufer des heiligen Flusses Ganges, nach dem Tod verbrannt wird, hat gute Chancen, im nächsten Leben in einer besseren Kaste wiedergeboren zu werden – oder sogar ins Nirwana einzugehen. Ein Bad im Ganges, glauben Hindus, wäscht von Sünden rein. Zugleich ist der Fluss einer der verdrecktesten in ganz Indien. Chemie- und andere Industrieabwässer, Überdüngung sowie fehlende Kläranlagen machen ihn zur langsam, aber stetig strömenden Bakterienkultur. Die erste Leiche, die ich in meinem Leben sah, war ein aufgedunsener Männerkörper im Ganges, ein Toter, dessen Familie wohl nicht genug Geld für eine Feuerbestattung hatte aufbringen können, und der nun an mir und den Tempeln von Benares vorbei seiner Erlösung entgegentrieb. Die Lebenden aber empfingen mich mit einer so selbstverständlichen Gastfreundschaft, wie ich sie in Europa selten erlebe. Das prägt.

Ich kam wieder. Natürlich nach Benares, aber auch nach Rajasthan, dem Wüstenstaat im Nordwesten, und in den Süden, wo man Essen auf großen Bananenblättern serviert bekommt. Die Wege auf meinen Reisen durch den Subkontinent waren so vielfältig wie das Land: In Hampi hatte ich mir Chappale, indische Flip-Flops mit Sohlen aus alten Autoreifen, machen lassen. Später, als Reisebuchautor auf Hotel- und Kulturrecherche, waren Oxfords aus Lammleder im Gepäck. In Bombay und Bangalore sind Turnschuhe das beste Mittel, unter den Glücklichen der neuen Mittelschicht nicht aufzufallen. Und für Wanderwege wie in den Höhenzügen Karnatakas packe ich mir Trekkingschuhe ein.

In den eineinhalb Jahrzehnten, die ich Indien als Reisender kenne, hat sich das Land verändert. Aus Wegen, auf denen früher nur Ochsengespanne fuhren, sind Highways geworden. Geblieben ist die Mischung, der Reiz der Gegensätze – und oft hat die Veränderung die Vielfalt sogar verstärkt. Indien, das sich anschickt, eine der größten Wirtschaftsmächte der Welt zu werden, geht auf die Überholspur, und findet nichts dabei, westliche Vorstellungen mit traditioneller Spiritualität zu vermischen. Kommen Sie mit auf den Masala Highway, schmecken Sie die Vielfalt eines Landes. Und vergessen Sie nicht: Sie können sich nicht vorbereiten.

Die Zeit läuft anders auf Bahnsteig B

Ein Bahnhof einer mittelgroßen Stadt, irgendwo in Maharashtra, in der Mitte des Subkontinents. Ein Nachtzug hat mich hierher gebracht, jetzt suche ich den Anschlusszug. Der, steht auf dem Ticket und im Reiseführer, geht eineinhalb Stunden später von hier ab. Aber von welchem Bahnsteig? Auf diesem hier liegen nur drei Kühe und einige Ziegen in der Mittagshitze, die meisten Reisenden, Teeverkäufer und Gepäckträger sind verschwunden, als der Zug, mit dem ich angekommen bin, weiterfuhr. Die Durchsagen aus den Lautsprechern klingen blechern und sind für mich nicht zu verstehen. Vermutlich ist es eine Mischung aus Englisch und Marahti, was da über den Bahnsteig hallt. „Train to Nagpur?", frage ich einen Herrn mit dicken Brillengläsern, der mir empfiehlt, es doch im Hauptgebäude zu versuchen. Also schultere ich die siebzehn Kilo meines Rucksacks, was sich in der Hitze so anfühlt, als würde ich ein Sofa schleppen, und mache mich auf den Weg: die Stufen hinauf zu dem überdachten Fußgängerüberweg, der sich über die Gleise des Bahnhofs streckt, wieder hinunter zum Hauptgebäude. Eine Anzeigentafel oder einen Fahrplan finde ich dort auch nicht, aber drei hilfreiche Herren, die in einer Schlange vor dem Fahrkartenschalter stehen. Zwei von ihnen sind sich einig, dass die Züge nach Nagpur auf Bahnsteig B abfahren. „No problem!". Kein Problem – diese zwei Worte sind viel zu häufig der Hinweis darauf, dass es doch eines gibt. In diesem speziellen Fall können sie beispielsweise bedeuten, dass die Herren eigentlich keine Ahnung haben, wo mein Zug abfährt, aber vermeiden wollen, mich mit einem „Weiß ich doch nicht" abzuspeisen. „No problem" kann auch heißen, dass sie meine Frage nicht genau verstanden haben, aber ein wenig mit ihren Englischkenntnissen auftrumpfen wollen. Schließlich könnte „No problem" auch meinen, dass – wenigstens aus der Sicht des Sprechenden – wirklich kein Problem vorhanden ist: entweder, weil der Zug wirklich von Gleis B abfahren wird, oder, weil ein verpasster Zug ja kein Weltuntergang wäre. In dieser dritten Kategorie der Problemlosigkeit kann in einem zugerufenen „No problem" der dezente Hinweis darauf enthalten sein, dass ich gerade ein Paradebeispiel für ein indisches Klischee vom westlichen Besucher liefere: der hektische Weiße, der sich unangemessen heftig wegen Nichts aufregt. Aber welche Art von „Kein Problem" ist hier gemeint? Zu oft habe ich mich schon darauf verlassen, dass es sich um die letzte Variante handelt. Ich stelle mich ans Ende der Schlange – vielleicht gibt es ja unter dem Schild mit der Aufschrift „Ticket" einen Abfahrtsplan.

Der Fahrkartenverkäufer sitzt hinter einer Theke, die ihm bis etwas über die Höhe seiner Stirn reicht und die von einer Glasscheibe mit einer kleinen Durchreiche gekrönt wird. Hinter seinem Verteidigungswall betrachtet er mein Ticket, spielt nachdenklich mit dem Papier zwischen seinen Fingern und meint schließlich auch: „Platform B, Platform B".

Zwei Stunden und einige Rückfragen bei anderen Wartenden später ist noch kein Zug auf Bahnsteig B aufgetaucht. Ich bin nervös, rechne aus, wie lange der Zug nach Nagpur braucht und wann es dunkel wird, denn nach Sonnenuntergang ist es komplizierter, eine gute Unterkunft zu finden. Ob ich wohl meine Fahrkarte ersetzt bekomme, wenn der Zug doch auf einem anderen Bahnsteig abfährt, während ich hier herumstehe? Noch einmal schleppe ich

mich und meinen Rucksack hinüber zum Hauptgebäude. Alles verrammelt, Mittagspause. Nein, der
Fahrkartenschalter ist geöffnet. Noch einmal versuche ich mein Glück bei dem Haarschopf hinter der
Theke. „Train to Nagpur?", versuche ich es wieder,
lege mein Ticket in die Hand, die sich mir entgegen-
streckt. „Please come", sagt der Mann und zeigt zu
einer Tür an der Seite.
Als die Tür sich öffnet, steht mir ein älterer Herr mit
dicklicher Figur und weißen Haaren im gebügelten
Hemd und Anzughose gegenüber. Es ist offensichtlich, dass er hier der Chef ist: Seine Körperfülle und
drei protzige Goldringe an den Händen sind deut-
liche Hinweise. Er führt mich in sein Büro, nachdem
ich meinen Rucksack in eine Ecke hinter der Tür gestellt habe. „Where do you come from?", fragt er mich
noch auf dem Gang, und ob ich Tee wolle? Während
ein deutlich dünnerer und jüngerer Mitarbeiter sich
auf den Weg macht, um Getränke zu holen, führt
der Stationsvorsteher freundlichen Smalltalk. Ob ich
verheiratet sei, wie lange ich in Indien bliebe, wie
mir Maharashtra gefalle, wo ich denn Hindi gelernt
habe, ach, ich wolle nach Nagpur? Er freut sich über
meine Antworten, ich freue mich über sein Interesse, aber ob er weiß, dass mein Zug eigentlich vor einer Dreiviertelstunde von seinem Bahnhof hätte abfahren sollen?
„No problem", versichert mir der Herr lächelnd und
verbindlich, und da kommt auch schon der Tee. Der
Teereinbringer wird mit herrischem Tonfall gleich
wieder los geschickt, diesmal zu einem Kollegen.
Der soll herausfinden, was mit dem Zug nach Nagpur sei, höre ich heraus – mein Gegenüber will beweisen, dass es an seinem Bahnhof effizient und
kundenfreundlich zugeht. „This is India", wendet er
sich dann wieder mir zu, die Züge kämen hier eben

nach ihrem eigenen Fahrplan an: „Our trains have their own schedule". Nur zu Zeiten Indira Gandhis sei das anders gewesen ...

Die Geschichte von den pünktlich verkehrenden Bussen und Bahnen unter Premierministerin Indira Gandhi, die in den Siebzigerjahren und noch einmal Anfang der Achtzigerjahre Indien regierte, hört man immer wieder. Oft schwingt die Sehnsucht nach früheren Zeiten, die ja bekanntlich immer die besseren sind, in diesen Erzählungen mit. Die wichtigere Botschaft ist aber ein „Wir können auch anders!". Bei mir löst die Mär von den minutengenau eintreffenden und abfahrenden Zügen Gänsehaut aus. Denn die Geschichte fällt in eine Zeit, in der die Staatschefin die indische Demokratie in ihr Gegenteil verkehrte. Mit einem Notstandsgesetz drückte Indira Gandhi rigoros ihre Ziele durch – und erhielt sich und ihrer Partei die Macht. Andere Maßnahmen der Premierministerin aus den Jahren 1975 bis 1977, über die heute weniger gesprochen wird, sind die Massenverhaftungen von Oppositionellen und die Zwangssterilisierungen, um das Bevölkerungswachstum einzudämmen. Ich weiß nicht, ob die Story von den verlässlich fahrenden Zügen wahr ist oder nicht – Statistiken über die Leistungen von Staatsbetrieben, die während diktaturähnlichen Zeiten entstehen, sind nicht besonders vertrauenswürdig. Aber es fällt auf, dass es eine Legende um Pünktlichkeit ist, die das kollektive Gedächtnis Indiens mit einem seiner bedeutendsten Staatsoberhäupter verbindet.

Das Gespräch zwischen dem ausländischen Passagier und dem Stationskönig gerät etwas ins Stocken, denn sein Englisch und mein Hindi reichen nicht für tiefere Erörterungen aus. Ich schaue mich von meinem Stuhl aus um: Das Büro ist riesig, der Bahnhof stammt noch aus Kolonialzeiten. Über unserem Kopf dreht sich ein uralter, riesiger Deckenventilator, flankiert von Leuchtstoffröhren, die man mit einem Metallgestänge nachträglich an der Decke befestigt hat. An zwei Wänden stehen Regale, deren oberste Fächer mit Massen von verstaubten Akten vollgestopft sind. Ob das wohl die Fahrpläne nie angekommener Züge sind, frage ich mich – und ob mein Zug nach Nagpur dort auch verzeichnet ist? An der dritten Wand, hinter meinem Gastgeber, hängt ein verblichenes Plakat, außerdem ist daneben ein großes Fenster mit verrammelten Läden, nur ganz oben dringt Tageslicht durch eine offene Klappe. Auch auf der Fensterbank stapeln sich Papiere.

Während wir weitersprechen, läuft plötzlich eine Ratte über die Stapel am Fenster, springt hinunter und verschwindet, nachdem sie quer durch den Raum gerannt ist, unter einem Regal. „No problem", kommentiert mein Gastgeber meinen überraschten Blick auf den Nager betont knapp und redet ungebremst weiter. Gerade noch zeigte mir der Stationsvorsteher anschaulich, dass er hier der Boss ist, doch nun scheint es für ihn absolut unproblematisch zu sein, sein Büro mit einem Nager und vermutlich dessen weitverzweigter Familie zu teilen. Ein klarer Fall von „No problem", Kategorie Nummer drei. Indische Häuser werden nicht nur von Menschen bewohnt. Ratten, Mäuse, Ameisenvölker, Skorpione – je nach Standort, Zustand und Alter der Häuser begegnet man Nagetieren und Insekten in Indien in Appartements, Hotels und eben auch in Amtsstuben. Die Lästigen und Gefährlichen werden so gut es geht verfolgt und beseitigt, andere – wie beispielsweise die an den Wänden klebenden Geckos – als freundliche Mitbewohner akzeptiert. Einen alten Bahnhof in der indischen Provinz vollständig von einer Rattenplage zu befreien, wäre ein sehr ehrgeiziges Vorhaben. Mein Stationsvorsteher geht über Dinge, die nicht oder nur schwer zu ändern sind, mit Rücksicht auf alle Beteiligten lieber hinweg, damit niemand sein Gesicht verliert. Also: Kein Problem, solange man es nicht dazu macht.

Da ich kaum klären kann, ob ich mit meiner Einschätzung richtig liege, ohne den Beamten vor den Kopf zu stoßen, lenke ich die Aufmerksamkeit noch einmal auf meine Weiterfahrt – und tatsächlich, etwas später finde ich mich auf dem höchst lebendigen Bahnsteig B wieder, begleitet von dem jüngeren Mitarbeiter, der mich bis zu der Tür des Wagens mit meiner Reservierung bringt. Etwa dreieinhalb Stunden später als auf meinem Ticket angekündigt – aber was soll's: No problem.

India Rail ist eines der größten Unternehmen der Welt. Mehr als 14 Millionen Menschen fahren täglich in den Zügen des Unternehmens, ein Heer von 1,6 Millionen Angestellten und Beamten sorgt für den mehr oder weniger flüssigen Ablauf. Seinen Ursprung hat das indische Schienennetz in der Kolonialzeit – und bei manchen Fahrten kann man sich des Eindrucks nicht erwehren, dass sich seit der Eröffnung damals nicht viel getan hat. Die Briten legten die Gleise nicht aus Menschenfreundlichkeit: Die Kolonialherren benötigten die Bahn als Mittel zur besseren Ausbeutung der Schätze der Kronkolonie – und zur Sicherung ihrer Herrschaft. Die Schienen wurden in Englands Stahlwerken hergestellt, die Lieferung ließen sich die Europäer von den Indern bezahlen. In den Zügen transportierten die Briten ihre Truppen, in den Städten bildeten die Bahndämme Verteidigungslinien zwischen den von Indern bewohnten Altstädten und den Siedlungen der Europäer, den Cantonment Areas. Die indische Bevölkerung nutzte die Bahn als Beförderungsmittel bei Pilgerreisen – und lernte dabei das eigene Land erst zu Zehn-, dann zu Hunderttausenden besser kennen, als es vorher je möglich gewesen war. Als das englische Königreich Indien 1947 in die Unabhängigkeit entließ, wurde die Bahn Teil des Staatsbesitzes der neuen Republik. Auch heute ist sie das wichtigste Beförderungsmittel Indiens. Weder die Straße noch das Flugzeug können die indischen Großfamilien auf ihren Pilgerfahrten und Verwandtenbesuchen so günstig transportieren. Damit wird jede Preiserhöhung automatisch zum Politikum, was vermutlich der Hauptgrund ist, warum die indische Bahn wohl immer ein Zuschussbetrieb im Staatsbesitz bleiben wird.

Wegen der Beliebtheit der Bahn in allen Schichten der Bevölkerung sind Zugreisen eine sehr gute Methode, um Indien näher kennenzulernen. Vielleicht liegt es daran, dass man als Bahnfahrer gezwungen ist, sich mit dem Land und den Leuten länger und manchmal hautnah auseinanderzusetzen. Zwölfstündige Bahnfahrten kommen im deutschsprachigen Raum fahrplanmäßig nur vor, wenn man sich auf Regionalzüge beschränkt. Auf indischen Gleisen gehören solche Reisezeiten fast noch zu den Kurzstrecken. Denn es geht auch länger: Von Madras bis nach Delhi braucht man mit dem Zug beispielsweise zwei Tage.

Die Länge der Reisedauer ist nicht der einzige Unterschied zum mitteleuropäischen Bahnverkehr. Die Reise selbst wird zum Erlebnis. Das liegt nicht so sehr an den Zügen, denn die ähneln denen in Mitteleuropa mehr als früher. Die Waggons der Rajdhani-Expresszüge, die modernsten der indischen Bahn, sind einem deutschen Intercity recht ähnlich. Einfachere Züge ohne Klimatisierung haben Fenster, die sich öffnen lassen, aber aus Sicherheitsgründen vergittert sind. Doch schon lange reisen keine Passagiere mehr auf Waggondächern mit: Szenen wie in Richard Attenboroughs „Gandhi" gibt es nicht mehr. Dampflokomotiven pusteten noch bis in die Neunziger Jahre ihren Qualm durch die Bahnhöfe, die Bahn setzte sie aber nur noch im Güterverkehr ein. Heute sind die Dampfrösser von den normalen Strecken ganz verschwunden, meistens ziehen nun Diesellokomotiven die Züge. Elektrische Leitungen über Gleisen, wie sie auf Deutschlands Fernstrecken üblich sind, sieht man in Indien sehr selten.

Doch gleich welchen Standards sie sind – in indischen Zügen habe ich viel mehr als in Europa das Gefühl, auf Reisen zu sein und nicht nur im Zustand der Fortbewegung. Man kommt mit sehr vielen Menschen in Kontakt – angefangen mit dem Schaffner. Einen Platz in einem Nachtzug erhält man nur mit Reservierung. Namen der Passagiere und Platznummern stehen bei der Abfahrt auf einer Liste, die neben der Wagentür klebt, und jeder Wagen verfügt über jemanden in Uniform, der dafür sorgt, dass nur die hereinkommen, die gebucht haben. Zumindest in der ersten Klasse – in der zweiten wird weniger streng geprüft. Auf der Fahrt ist der Schaffner dann dafür zuständig – in welchem Umfang, hängt mit der gebuchten Klasse zusammen – die Passagiere mit frischen Bettlaken, Essen und Getränken zu versorgen.

Wagenklassen gibt es viele. Außer einer ersten, einer zweiten und einer dritten Klasse gibt es – mit Unterschieden bei den verschiedenen Zugformen, den Express-, Nacht- und Tagzügen – noch weitere Unterteilungen: Beispielsweise werden Großraumwagen mit

Sitzen oder Abteilwagen mit Liegen angeboten. Diese sind gestaffelt in Einzelabteile sowie in solche, deren Liegen in zwei oder drei Stöcken (two- oder three-tier) übereinander angeordnet sind. Preislich macht es einen großen Unterschied, ob ein Wagen klimatisiert ist oder durch Ventilatoren gekühlt wird. Hinsichtlich der Reiseerfahrung auch. Welche Klasse ich wähle, mache ich daher nicht vom Preis abhängig, denn selbst die teureren Klassen sind, verglichen mit europäischen Preisen, günstig. Entscheidend ist für mich, wie gesund ich mich vor Reiseantritt fühle und wie viel Lust auf Abenteuer ich habe.

Normalerweise buche ich „Second class three-tier Non-AC"-Wagen, in denen ich viel lieber als in klimatisierten Waggons reise. Zumal der Unterschied zwischen erster und zweiter Klasse wenig über die Unterhaltsamkeit der Mitreisenden aussagt: Freilich haben viele der Reisenden in der Ersten ein besseres Einkommen – aber der Inhalt der Geldbörse sagt über Fremdsprachenkenntnisse und Manieren ihres Besitzers so wenig aus wie bei uns.

Viele Zugverbindungen sind schon auf Wochen ausgebucht. Damit Touristen, die nicht langfristig planen können, eine Chance haben, trotzdem Tickets zu ergattern, sind für sie Kontingente von ein paar Karten pro Zug reserviert. Ich habe mich oft gefreut, auf diese Weise auch noch wenige Tage vor meinem Reistermin ein Ticket zu bekommen. Doch wenn ich aus dem normalen Kartenpool eine Fahrkarte bekommen kann, ziehe ich das einem Touri-Ticket vor. Die kontingentierten Tickets haben nämlich einen großen Nachteil: Man landet mit den anderen Ausländern des Zuges in einem Abteil. In meiner Lieblingsklasse, der „Second class three-tier Non-AC", deren Abteile zum Gang hin offen sind, kann das zum Problem werden: Die Konzentration von so viel Exotik auf sechs Liegen zieht indische Neugierige aus den umliegenden Abteilen magisch an. Meist bleibt alles freundlich – manchmal kommt man sich aber auch wie ein Tanzbär im Zoo vor.

Netter kann es da sein, in einem normalen Abteil zu reisen und sich von den indischen Mitreisenden adoptieren zu lassen – so hat man schnell Ruhe vor zu vielen Besuchern. Freilich bleibt es Glückssache, wie man sich mit den Mitreisenden versteht. Auf eines kann man sich aber in einem indischen Zugabteil verlassen: Die Neugier, die dem Reisenden entgegengebracht wird, ist groß.

Die Fragen, wie sie mir der Stationsvorsteher in Maharashtra stellte, sind oft nur der Anfang eines längeren Gesprächs. Fotos helfen, Sprachgrenzen zu überbrücken – deshalb klebe ich in meinen Reisekalender gerne ein paar Bilder von meiner Familie, meiner Straße in Deutschland und wichtigen Orten in meinem Leben ein. Mit großem Hallo wird das Büchlein im Abteil herumgereicht, die Schönheit meiner Heimatstadt gelobt und der Bart meines Vaters bewundert und bei dem Bild mit meiner Nichte und meinem Neffen dreimal nachgefragt, ob das nicht doch meine Kinder seien? Alt genug wäre ich ja!

Im Gegenzug erfährt man manches aus dem Leben der Passagiere: Einer meiner Mitfahrer stellt mir seine Familie vor, die die kranke Tante in der fünfhundert Kilometer entfernten Stadt besucht, um dieser am Krankenhausbett Beistand zu leisten. Alle, alle kommen mit, die Familie steht, sitzt und liegt komplett im Waggon, von der uralten und knochendürren Urgroßmutter bis zum Säugling. „Wir können doch niemanden zu Hause lassen!", sagt der Mann.

Auf einer Fahrt von der Ostküste nach Bombay spreche ich mit zwei jungen Studenten, die in Ban-

galore Informatik und Agrarwissenschaften studieren und in der vorlesungsfreien Zeit nach Hause fahren – endlich, sie waren vorher noch nie so weit weg
von ihrer Familie. Sie sind sehr neugierig auf Europa und Deutschland und fragen, wie man dort lebt,
wie lang ein Flug dauert, was ich dort arbeite und
verdiene.

„Wie teuer ist ein Flugticket nach Deutschland?"

Die Frage bringt mich in eine Zwickmühle. Mein
Flug hat etwa das Fünfzigfache dieser Bahnfahrt
gekostet – das klingt nach viel Geld und macht
mich so reicher, als ich bin. Und die Frage nach den
Kosten einer Reise zieht weitere Fragen nach sich:
Für einen Besucher aus dem Westen ist es viel einfacher, Indien zu besuchen, als für die meisten Inder, einmal Europa zu sehen. Mein Pass liegt zu
Hause in der Schublade, von klein an bin ich es gewohnt, andere Länder und fremde Kulturen zu besuchen. Diese beiden Jungs müssten Geld haben –
nicht unmöglich, wenn sie einen guten Abschluss
machen. Sie müssten ein paar bürokratische Hür-
den überwinden, aber vor allem müssten sie sich
auf ein ganz anderes Land einstellen. Ein Land,
in dem gar nicht so wenige die Angehörigen von
Großfamilien als soziale Problemfälle ansehen, in
dem das Klima deutlich kälter ist und das Essen
kaum gewürzt. Für viele aus der jungen Generati-
on mag so etwas wohl kein Problem sein, aber für
diese beiden, die bisher kaum aus ihrem Vorort von
Bombay und ihrem Universitätscampus herausge-
kommen zu sein scheinen? „Warum wollt ihr eigentlich in Europa leben?", frage ich – wenn sie ihre
Familie schon vermissen, nachdem sie ein halbes
Jahr in Bangalore verbracht haben. Es stellt sich heraus, dass sie nicht viel über Deutschland wissen,
außer dass es einmal zwei davon gab – „und wir

kennen Ballack, Klinsmann". Trotzdem sind sie faszieniert von dem Gedanken, einmal dort arbeiten zu können, für ein paar Jahre. Ob einer von ihnen sich den Traum erfüllt?

Ein früher Blick aus dem vergitterten Fenster am Morgen ist nicht ohne Risiko. Die Chance ist groß, dass man einiges über die Verdauung und Toilette der indischen Landbevölkerung lernt. Immer wieder gibt es Siedlungen in der Nähe der Trassen – und ihr nächster Umkreis ist oft das öffentliche Klo. So sieht man im Morgengrauen Dorfbewohner schön in einer Reihe hocken, den Behälter mit Wasser für die Hygiene danach neben sich, voneinander getrennt durch ein paar dürre Büsche, aber bestens erkennbar für die Blicke aus dem vorbeifahrenden Zug.

Wenn die Zeit zum Aufstehen gekommen ist, haben im Abteil diejenigen Pech, die auf den mittleren der übereinanderliegenden Pritschen schlafen. Diese müssen zuerst ihr Lager räumen, denn solange ihre Liegen noch ausgeklappt sind, kann man im Abteil nicht sitzen. Das eilt, denn spätestens beim nächsten Zwischenstop ist Frühstückszeit: Vom Bahnsteig werden scharfe Currys, Samosas oder Dosas durch die Fenster gereicht, Teeverkäufer gehen mit ihrem nasalen Rufen durch den Gang: „Chai-ii – Chai-ii – Chai-ii garam, garam Chai-ii!" Der Tee ist tatsächlich garam, heiß, so heiß, dass er in einem langen, bogenförmigen Strahl geschickt in den kleinen Plastikbecher gegossen wird, um ihn abzukühlen.

Verkäufer laufen nicht nur während der Zwischenhalte durch den Zug, manche fahren auch eine oder zwei Stationen mit. Es gibt nicht nur Tee – alles mögliche Essbare, geschälte Gurken, Trockenfische, scharf gewürzte Nüsse bis hin zu neonfarbenem Plastikspielzeug aus China bringen die Händler mit.

Jeder der Verkäufer hat einen eigenen Erkennungs-
ruf, klappert mit seinen Utensilien auf typische Art,
schüttelt mit einer der abgepackten Tüten. Doch der
am häufigsten gehörte Ruf ist der des Chaiwallas.
Ein Tee – meistens die mit Milch aufgebrühte, mit ein
paar Gewürzen und viel Zucker verfeinerte Variante, aber immer häufiger auch gesüßter Teebeutelsud
– kostet zwei bis vier Rupien, also deutlich weniger
als zehn Cent. Nach einer Nacht im Zug ist so ein Tee
mit seinem hohen Zucker- und Teeingehalt genau das
Richtige und belebt ungemein. Als er noch in Paisse
bezahlt wurde, der nächstkleineren, seit Jahren kaum
noch verwendeten Münzeinheit, servierten die Chaiwallas den Tee in kleinen Tonschälchen – zur einma-
ligen Verwendung hergestellt und daher hygienisch
so einwandfrei wie ökologisch sinnvoll. War der Tee
ausgetrunken, landete das Schälchen im Gleisbett:
Ton zu Ton, Staub zu Staub. Die Schälchen sind inzwischen verschwunden, mit den weißen Bechern,
durch deren dünnes Plastik man sich regelmäßig die
Finger verbrennt, wird aber genauso verfahren – was
den Schotter in den Durchfahrtsbahnhöfen so aussehen lässt, als sei gerade Schnee gefallen.

Klimatisierte Waggons sind komfortabler und sau-
berer, die Reise in ihnen aber nicht so abwechs-
lungsreich. Das Bordessen ist normalerweise recht
gut – aber die Auswahl der fliegenden Händler ist
größer. Allerdings hat man in den einfacheren Wagenklassen auch Gelegenheit, die weniger schönen
Seiten Indiens kennenzulernen. Es kommen nicht
nur Verkäufer vorbei. Vor Dieben kann man sich
auf recht einfache Weise schützen und man kann
sich der Solidarität der meisten Mitreisenden sicher
sein, die schon aus eigenem Interesse ein Auge darauf haben, wer sich in der Nähe des eigenen Ab-

teils bewegt. Zu schaffen machen mir, auch nach Jahren des Reisens, Erlebnisse anderer Art: Immer wieder kriechen Kinder, manche nicht einmal zehn Jahre alt und alle sehr dreckig, auf dem Boden vorbei und wischen mit einem feuchten Lumpen, der so schwarz ist wie der Belag, über die Flächen, während sie mit der anderen Hand um Rupien betteln. „Sir, ten rupees, sir!" Die Finger der rechten Hand wandern dabei immer wieder zum Mund, die Augen versuchen, die des Fremden zu fixieren. Immer wieder kostet es mich Überwindung, hier nicht nachzugeben. Es ist sehr wahrscheinlich, dass eine Geldspende in so einem Fall nicht hilft. Die meisten der Bettelkinder in den Zügen und an den Bahnhöfen der großen Städte sind organisiert, in der Hand von Banden – was sie an Barem bekommen, müssen sie abliefern. Man kann versuchen, ihnen etwas Essbares zu geben. Manchmal habe ich erlebt, dass ein Bettelkind so ein Angebot unfreundlich zurückwies. Der beste Weg zu helfen, führt über die Unterstützung einer Hilfsorganisation, die sich sozial engagiert und die Probleme – Landflucht, Analphabetismus und Frauenunterdrückung sind einige von vielen – langfristig bekämpft. Doch im Alltag merke ich, dass solche rationalen Überlegungen kein allgemeingültiges Rezept liefern, wie man sich bei Begegnungen mit Armut und Unterdrückung mit gesellschaftlichem Hintergrund verhalten soll. Vorab an eine Hilfsorganisation zu spenden mag die eigenen Gewissensbisse lindern, weil man sich so vorher mit dem Problem auseinandersetzt und nicht unvorbereitet einer bittenden Kinderhand gegenübersitzt. Ein gutes Gefühl habe ich trotzdem nicht, wenn ich ein Kind mit einer Handbewegung und vielleicht einem schroffen „Nahin!" – „Nein!" fortschicke. So habe ich mir angewöhnt, lieber ab und zu das, was ich über Bettlerkriminalität und Kinderausbeutung gehört habe, zu vergessen und die zwanzig Eurocent, die „Tenrupeessir" wert sind, zu verschenken.

Jede Reise endet mit einer Ankunft. Wenn die Fahrt länger als ein paar Stunden dauert, und man als einer von wenigen Touristen auf den Bahnsteig stolpert, ist das durchaus anstrengend: Von drei Seiten zugleich stürzen die Fragen auf mich ein: „Welches Hotel?"; „Hotel Yogi, ja?!"; „Rikscha!"; „Ihre Tasche bitte, Sir!"; „Hello, friend!" – je größer und bei Touristen beliebter die Stadt ist, umso eher kann man davon ausgehen, von einer Abordnung der besten Touristenschlepper im Umkreis empfangen zu werden. Habe ich auf der Reise gute Bekanntschaft mit Indern geschlossen, die im gleichen Bahnhof aussteigen, bitte ich sie, sie noch bis zum Bahnhofsausgang begleiten zu können: Inder sind sehr viel weniger interessant für die Schlepper, und im Schlepptau eines Ortsansässigen bleibe ich auch von den meisten Zurufen verschont. Trete ich allein auf den Bahnsteig, schütze ich vor, ein Ziel zu haben. Möglichst freundlich, aber sichtlich desinteressiert an den Angeboten gehe ich durch die Traube von Menschenfreunden, in Richtung eines Riksca- oder Tuktuk-Standes möglichst weit vom größten Trubel. Eigentlich schade, denn so ein indischer Bahnhof ist wie ein Langstreckenzug eine eigene kleine Welt für sich – voller Begegnungen, Überraschungen, merkwürdigen Klängen und unverhofften Eindrücken. Deshalb komme ich bei der Ankunft nie auf den Gedanken zu überprüfen, ob und wie viel Verspätung der Zug hat. Die Reise war ein Erlebnis, das braucht eben seine Zeit.

Vier Stunden, zwei Pausen, eine andere Welt

Der Rikschawalla ist sofort im Bilde. Oft ist es schwierig, sich mit den Fahrern der Trettaxis über Existenz und Lage eines Fahrtziels einig zu werden. Aber diesmal ist es ein Kino. „Achaa!"[1] , ruft er und fängt zu summen an, während er die Pedale zum Rotieren bringt. Er kennt nicht nur das Kino, er weiß auch sofort, welcher Film dort gerade läuft, und die Melodie, die er summt, ist der Song des Soundtracks, der seit Wochen überall zu hören ist. Seine Begeisterung für den Fahrgast ist kaum zu bremsen: „Welche Filme haben Sie schon gesehen? Mögen Sie indisches Kino? Wer sind Ihre Lieblingsschauspieler? Meine sind …", und es folgt eine Aufzählung eines Dutzends von Namen – darunter nicht nur die der großen Megastars. Ein Fachmann! Als wir das Kino erreichen, ist seinen Augen anzusehen, dass er am liebsten mit reinkommen würde. Vier Stunden Kino, das sind für Millionen Inder vier Stunden Wunderwelt, Tanz, Musik, Sorgenfreiheit.[2]

Indien ist eine kinobegeisterte Nation. Jedes Jahr entstehen auf dem Subkontinent mehr Kinofilme als in jedem anderen Land. 2005, als zum ersten Mal die Produktionszahl die Eintausendermarke überstieg, waren es sogar mehr als in allen damaligen Mitgliedsstaaten der Europäischen Union zusammen: 1 041 Titel sollen in diesem Jahr fertiggestellt worden

---

1 Sehr häufig gebrauchter Ausdruck im Hindi. Wörtliche Übersetzung ist „Gut" oder „In Ordnung"; man kann damit aber auch einfach nur zeigen, dass man zuhört. Aussprache: stimmhaftes „ch", ähnlich wie im Englischen „Chancellor"; Betonung auf der Endsilbe.

2 Mehr zum Thema im Anhang „Typisch Bollywood".

sein. Relativ zur Bevölkerungszahl fällt das Kinoland Indien mit seiner Produktion zwar auf die mittleren Plätze zurück – pro Kopf gerechnet führt das kleine Island die Liste der filmschaffenden Länder an. Dafür sorgen die Inder nicht nur vor den Kinokassen regelmäßig für lange Schlangen, sondern sind auch laut Statistik begeisterte Filmfans: Sieben Milliarden Kinobesucher wurden 2002 gezählt – vom Greis bis zum Säugling hätte jeder Inder in einem Jahr fast sieben Mal ins Kino gehen können. Zum Vergleich: Die Deutschen schaffen es durchschnittlich nicht einmal zweimal jährlich in den Kinosaal.

Bollywood ist seit ein paar Jahren auch den Deutschen ein Begriff. Seit Privatfernsehsender indische Kassenschlager in deutscher Synchronisation zeigen, Kultur- und Spartenkanäle die gleichen Filme mit ein paar Dokumentationen verbinden und im Rahmen von Thementagen präsentieren, kann man auch im Elektronikdiscounter DVDs mit Schauspielern wie Shah Rukh Khan bekommen. Volkshochschulen und Fitnessstudios bieten Bollywood-Tanzkurse an. Der Spitzname der Produktionsstadt Mumbai, den sie erhielt, als sie noch Bombay hieß, ist zum Markenzeichen für indisches Kino geworden: Wer Bollywood sagt, meint bunte, lustige, in ihrem Handlungsablauf etwas verwirrende und mit überraschenden Tanzeinlagen garnierte Filmspektakel.

Das ist ein Fortschritt im Vergleich zu der Zeit, als indische Filme in Mitteleuropa höchstens auf exklusiven Filmfestivals zu sehen waren. Doch die synchronisierten Fassungen auf DVD zeigen nur einen kleinen Ausschnitt der indischen Welt des Films. Was man hier sieht, sind die teuren, familienfreundlichen Produktionen aus Bombay – und meist keine aus Südindien. So vielfältig wie die Kultur und die Sprachen seiner Zuschauer ist auch die indische Filmindustrie: Gedreht wird nicht nur in Hindi, sondern auch in allen anderen weit verbreiteten Sprachen wie Telugu, Kannada oder Tamil. Aus Bollywood selbst kommen gerade einmal ein Viertel bis ein Drittel der indischen Filme, die meisten davon in Hindi. Ginge man nach Produktionszahlen, müsste die indische Filmindustrie inzwischen Madrallywood heißen: Schon seit vielen Jahren hat Chennai, das frühere Madras, Bombay den Rang der Stadt mit den fleißigsten Filmproduzenten abgelaufen. Tatsächlich wird heute von Kollywood gesprochen – nach Koodempakam, einem der Filmviertel in Madras. Das südindische Kino hat seine eigenen Stars und einen eigenen Stil: In früheren Jahrzehnten hatten die Produzenten und Regisseure aus dem Süden den Ruf, anspruchsvolle Filme zu drehen. Ihre Streifen behandelten häufig Stoffe zu Gesellschaft und Moral. Als in den Neunzigern in Madras noch mehr Filme als zuvor gedreht wurden, übernahmen Kampf- und – zumindest nach indischen Vorstellungen – Sexszenen die Hauptrolle. Die Actionstreifen ersetzen mit einer Abfolge von Explosionen, Prügelszenen mit knallenden Faustschlägen und spektakulären Stürzen in Zeitlupe jegliche Handlung – und bleiben in der Herstellung günstiger als die Hindi-Familienfilme mit ihren kostspieligen Choreographien. Es gibt auch südindische Filme mit großem Budget, doch ihre Zahl und Verbreitung ist geringer: Die Zielgruppen sind schon der Sprache wegen kleiner als die des Hindi-Kinos, zumal dies auch für den Export in arabische Länder produziert. Der Vertrieb in westlichen Ländern spielt erst in den letzten Jahren eine Rolle.

Ich gehe in Indien gerne ins Kino. Allerdings nicht so sehr der Filme wegen. Die DVDs, die ich mir aus Indien als Erinnerung mitgebracht habe, verstauben im Regal. Auf einer kleinen Mattscheibe mit englischen Untertiteln verlieren die Filme schnell ihren Reiz. Anders ein Kinobesuch in Indien, denn der ist immer wieder etwas Besonderes. Ein paar Widrigkeiten gibt es allerdings zu beachten: „Kauf dir nicht die teuren Plätze oben in der Loge", hat mir ein Freund einmal geraten, als ich in ein verhältnismäßig kleines, schon älteres Kino gehen wollte. „Da oben ist weniger los, und das runtergefallene Knabberzeug lockt die Ratten an." Ratten? Tatsächlich fand ich einmal nach einem schönen Kinoabend einen aufgedunsenen Kadaver von der Größe meines Unterarms im Rinnstein vor dem Ausgang. Spätestens seitdem glaube ich dem Tipp meines Bekannten, zumindest wenn es sich nicht um einen modernen Filmpalast handelt. Für diese trifft aber ein anderer Rat zu: „Nimm dir eine Decke oder eine Jacke mit!" Ein Kinosaal, der etwas auf sich hält, verfügt über eine Klimaanlage, die die Temperatur gefühlte dreißig Grad unter Straßentemperatur hält. Also achte ich an der Kasse auf zwei Dinge: Ich bestehe auf einer Karte fürs Parkett, die nur ein paar Rupien kostet, und habe einen netten Blick übrig für den Mann in der etwas zu großen Fantasieuniform, der die Tasche mit meiner Jacke und meinem Pulli beäugt. Kinosäle gehören zum öffentlichen Leben und sind so auch potentielles Anschlagsziel. Immer wieder sieht man daher an den Eingängen urzeitlich wirkende Metalldetektoren und mehr oder weniger aufmerksames Sicherheitspersonal. Einen besonderen Sicherheitstrick erlebte ich vor über zehn Jahren in Bombay, als ich den etwas langweiligen Streifen frühzeitig verlassen wollte: Die Ausgangstüren waren mit Ketten verrammelt. „Wegen der Bomben", erklärte mir der Junge am Stand mit den Snacks mit einem großen Lächeln. Ein Attentäter, sagte er, würde keine Bom-

be zünden, solange er sich selbst im Saal befände …
Ich war dann doch froh, wieder nach draußen gelassen zu werden. Das Sicherheitskonzept hat sich
nicht durchgesetzt, was vielleicht auch damit zu
tun hat, dass auch Indien nicht von selbstmörde-
rischen Anschlägen verschont bleibt.
Sitze ich erst einmal auf meinem Platz, fällt es mir
dennoch normalerweise nicht schwer, merkwürdige Geräusche unter und hinter mir (Nagetiere?
Eisbildung durch die Klimaanlage? Zündschnüre?)
zu ignorieren. Ablenkung ist ausreichend vorhanden: Bereits vor der Werbung und den Trailern gibt
es großes Kino. In der Hauptrolle: die Sitznachbarn.
„Familienfilm" nehmen Inder wörtlich, Gruppen
von zehn Leuten sind üblich. Leider lässt sich der fa-
milieninterne Schlüssel der Sitzverteilung, über Generationen entwickelt, meist nicht ohne Weiteres mit
den Gegebenheiten im Saal in Einklang bringen: Der
ältere Sohn will zugucken und braucht deswegen
auch vor sich einen freien Platz, muss aber zum Auf-
passen in der Nähe der Schwestern bleiben, die unbedingt die Großmutter und die Schwiegertochter in
ihrer Mitte haben wollen, die wiederum untereinan-
der das kleine Baby hin- und herreichen, damit es
nicht so weint. Vater ist auch da, kann sich aber um
die Gruppierung seiner Lieben nicht kümmern, weil
er dringend telefonieren muss.
Den Beginn des Films signalisiert die Einblendung
eines Formulars in lateinischer und Devanagri-
Schrift. Das Blatt ist ein kleiner Gruß der indischen
Bürokratie, das Formblatt der indischen Zensurbe-
hörde. Filme dürfen nur mit staatlicher Genehmigung gezeigt werden. Allerdings kommen die Studios dem Zensor meist zuvor, wenn es darum geht,
anstößige oder politisch diskussionswürdige Szenen
herauszuschneiden, denn mit den kommerziellen

Filmen wollen die Produzenten nicht anecken – sie wollen, dass die Menschen eine Karte, nein: sieben Karten für sie kaufen.

Manchmal muss aber doch nachgeschnitten werden. Der Historienschinken „Jodhaa Akbar" mit Hrithik Roshan in der Hauptrolle als junger Mogulkaiser erregte 2008 in Nordindien die Gemüter. Die Nachfahren der Rajputen sahen das Bild ihrer Ahnen von dem Film falsch wiedergegeben, die historisch doch recht blutrünstigen Züge Akbars dagegen verharmlost. Einige Kinos wurden verwüstet und auf Straßen demonstrierten nationalistische Cineasten – oder kinokritische Nationalisten. In vier Bundesstaaten wurde die Aufführung daraufhin verboten – und außer in Rajasthan, wo die Wellen der Empörung am höchsten schlugen, wenige Tage später wieder erlaubt, nachdem der Verleih einige Minuten besonders umstrittenen Materials entfernt hatte. Die Einwände einiger Kommentatoren, dass der Film vor und nach dieser Selbstzensur ein Bollywood-Spektakel ohne den geringsten Anspruch auf historische Authentizität sei, und die Geschwindigkeit des Aufführungsverbots und seine Aufhebung die Züge eines abgekarteten PR-Manövers trugen, verhallten ungehört. Jedenfalls brachte die Indizierung in Rajasthan dem Film in ganz Indien viel Mundpropaganda ein – und ein hervorragendes Einspielergebnis.

Meist bleibt die Zensur aber eine Formalie. Dann geht auf der Leinwand das große Spektakel los – und die Zuschauer folgen diesem, je nachdem welche Phase die Story durchläuft, mehr oder weniger begeistert. Weniger konzentriert wirkt das Publikum, wenn es um die Entwicklung der Handlung und der Charaktere geht, also in den eineinhalb Stunden vor der Pause. Man unterhält sich, holt sich etwas zu trinken oder nutzt die Gelegenheit, um einen Freund anzuklingeln, um diesem lautstark – sonst versteht der Angerufene ja bei dem Krach nichts – mitzuteilen, was man gerade so macht: „Are Bai! Ja, der Film fängt gerade an." Die Aufmerksamkeit gehört dagegen ganz dem Film, wenn die Darsteller plötzlich tanzen und singen, etwa vor einer Berglandschaft, in einem Schlosspark oder auf einem futuristischen Hochhaus. Ist der Film neu, wird im Mittelgang des Saals und vor der Leinwand mitgetanzt – und ist er schon älter, kann man davon ausgehen, dass jeder den Text der Lieder kennt.

Der Aufbau eines Bollywood-Streifens ist keine neue Erfindung, sie geht zurück auf die Anfänge des indischen Kinos. In dem ersten indischen Tonfilm, „Alam Ara" von 1931 (Das Licht der Welt), wurde die Handlung durch sieben Tanz- und Gesangseinlagen unterbrochen – ein Muster, dem die meisten kommerziellen Filme bis heute folgen. Diese „Picturizations" genannten Sequenzen durchbrechen die klassische Einheit von Zeit und Ort der Handlung – und auch die Authentizität der Figuren spielt keine große Rolle: Niemanden im Kinosaal interessiert es, woher plötzlich die Musik kommt, oder warum gerade eben noch würdige, autoritär dargestellte Charaktere nun plötzlich über eine Almwiese hopsen.

Die vielen Unterbrechungen mit Tanzeinlagen tragen zu der Überlänge von Hindi-Filmen bei. Ein Musikstück dauert etwa sieben bis zehn Minuten – eine Stunde vergeht so allein schon mit Choreographie, zweieinhalb bis drei Stunden dauert ein Bollywood-Film insgesamt. Wenn zum ersten Mal im Saal das Licht angeht, ist der erste Teil geschafft: Die Charaktere sind eingeführt. Zeit, sich mit Chips – sehr häufig nicht aus industrieller Produktion, sondern in Handarbeit hergestellt – und Limonade zu versorgen. Bier gibt es meist keins, da dafür eine besondere Lizenz notwendig ist, und sein Konsum in der Öffentlichkeit auch nicht mit der indischen Vorstellung eines familiengeeigneten Kinos vereinbar ist. Hat der Film Über-Überlänge, dauert also mehr als 200 Minuten, gibt es auch zwei solcher Pausen. Doch normalerweise ist es die erste, die im Aufbau des Films den Bruch zwischen Exposition und dramatischer Entwicklung kennzeichnet.

Die Handlung lässt sich normalerweise schnell zusammenfassen: Armes Mädchen – gerne eine Waise – trifft auf bescheidenen Sohn eines reichen Mannes, Typ Schwiegermutterliebling. Sie schwören sich ewige Liebe, werden aber vom Schicksal getrennt. Später gerät sie in die Fänge eines besonders reichen, besonders bösen Schurken (der etwas mit dem Tod der Eltern des Mädchens zu tun hat), wird aber, als schon alles verloren scheint, von ihrem Jugendfreund gerettet. Zur Belohnung stellt sich schließlich heraus, dass das Mädchen Anspruch auf ein großes Erbe hat, das der Schurke unterschlug, und am Schluss feiern alle Guten gemeinsam den Sieg.

Ihren Reiz erhalten die Geschichten durch ein paar Anpassungen und Verwicklungen, vor allem durch den ständigen Wechsel der Erzählgenres. Bollywood ist Drama, Tragödie, Action, Romanze und Komödie in einem. Die Figur eines angesehenen Familienoberhaupts, das mit tiefem Timbre in gewählter Sprache spricht, tritt zugleich mit der Figur eines Spaßvogels und Narren auf, die sich durch piepsende Sprechweise und ein paar Slapstickeinlagen auszeichnet. Manche Schauspieler entwickeln Running Gags, die sie über Filme und Rollen hinweg immer wieder bringen – wie beispielsweise der Sänger und Schauspieler Kishore Kumar in den sechziger und siebziger Jahren, der immer wieder Jodeleinlagen in seine Songs einbaute.

Als Vorbilder dieser Erzählweise dienten vermutlich die großen hinduistischen Epen. Auch in der Mahabharata wechseln Glück und Unglück, Kampf und Göttlichkeit ohne Punkt und Komma, und ihre Erzählung wird auf der Bühne mit Tanzeinlagen garniert. Verfilmungen der Veden gibt es schon seit der Stummfilmzeit.

Eine einfache Erklärung bietet die Wirkung der Filme auf das Publikum: Die Menschen lassen sich verzaubern, sind begeistert vom Wiedersehen mit ihren Stars, träumen sich in die Welten, die sich plötzlich ihren Augen und Ohren darbieten. Das wirkliche Leben will jemand wie der Rikschafahrer, der sich als Filmspezialist entpuppte, im Kino nicht sehen – seine Pedale und die Straße sind ihm real genug. Je größer die Achterbahnfahrt der Gefühle, je ungewöhnlicher die Figuren und je spektakulärer die Filmsets, desto besser.

Hollywood oder gar die Filme europäischer Studios wirken auf die Mehrheit der indischen Kinogänger so spannend wie westliches Essen: Man probiert es vielleicht einmal, wechselt dann aber doch lieber zum bewährten Masala. Ausnahmen gibt's natürlich auch, wie Sita, die ich in Maharashtra kennenlernte und die bekennender Fan von Johnny Depp ist. „Lass uns doch in ‚Don Juan DeMarco' gehen", bat sie mich. Eigentlich hätte ich mehr Lust auf einen Bollywood-Streifen gehabt. „Warum denn ausgerechnet mit mir?", maulte ich. „Gerade mit Dir – meine anderen Freunde finden, dass da zu wenig getanzt wird oder es zu wenig Action gibt. Oder beides." Vielen fehlt in den Filmhandlungen des Westens die Würze.

Am spektakulärsten sind die vielen Szenen vor Schweizer Alpenpanoramen. Spätestens seit dem Film „Dilwale Dulhania Le Jayenge" (Wer zuerst kommt, kriegt die Braut), einem der ersten großen Erfolge Shah Rukh Khans aus dem Jahr 1995, ist die Schweiz, vor allem das Berner Oberland, ein beliebter Drehort. Wenn einmal ein Sparkassenschild oder ein eidgenössisches Polizeiauto ins Bild gerät, macht das gar nichts – das wirkt auf die Zuschauer umso exotischer. Die Schweizer unterstützen die weit gereisten Filmemacher sogar, denn ein Kassenschlager ist besser als jede Fremdenverkehrswerbung. Längst reisen filmbegeisterte Inder als Touristen an die Schauplätze ihrer Traumwelten. Allerdings beschränken sich die Produzenten nicht auf die Schweiz: Berge in Frankreich, Rumänien und Neuseeland durften bereits als Kulisse herhalten. „Eigentlich ist das alles nur ein Ersatz", erklärte mir ein älterer Bekannter einmal die Beliebtheit des Bildmotivs. „Wir sehen Berge – und denken an Kashmir." Doch die Höhen im pakistanisch-indischen Grenzgebiet, in der Vorstellung vieler Einwohner beider Staaten sozusagen ein Himmel auf Erden, sind seit Jahrzehnten eine der am stärksten militarisierten Zonen der Welt – viel zu heiß umkämpft für Playback-Tanzeinlagen.

Apropos Playback: Dass die Darsteller nicht singen, während sie durch das Filmset springen, scheint nahe liegend. Wenn man einen Film im Original sieht, fällt dem Zuschauer spätestens bei dem Part einer weiblichen Figur auf, dass ihre Stimme auffällig anders klingt als während der Dialoge. Frauenstimmen klingen beim Gesang sehr hoch, für ungeübte Ohren schrill – wie die eines kleinen Kindes. Tatsächlich singen die Stars ihre Songs selten selbst – warum sollten sie auch. Schließlich haben die Lieder, siehe oben, wenig mit der Handlung zu tun, und Schauspieler sind ja nicht zum Singen da. Einige der Stimmen im Hintergrund sind berühmt geworden. In unseren Breiten besang die Band Cornershop in ihrem Song „Brimful of Asha" eine der bekanntesten Sängerinnen, Asha Bhosle: „There's dancing behind the movie scenes ..." Asha Bhosle und ihre Schwester Lata Mangeshkar wurden um 1930 geboren und arbeiten seit den Vierzigerjahren im Filmgeschäft. Noch immer sind beide aktiv, und damit gar keine so große Ausnahme. Dass Filmsternchen von knapp über zwanzig Lenzen ihre Lippen zu den Stimmen von Frauen von weit über siebzig Jahren bewegen, scheint niemanden zu stören. Das Gegenteil scheint der Fall zu sein: Es würde wohl viele irritieren, wenn die Stimmen der Sängerinnen plötzlich wie die echter Frauen klingen würden und nicht wie Wesen aus einer anderen Welt.

Ob Sänger oder Schauspieler: Die Helden des indischen Kinos werden verehrt. Diese Verehrung endet noch lange nicht mit dem Abspann eines Films und auch nicht mit der aktiven Schauspielkarriere eines Stars. So harmlos wie allgegenwärtig wirkt die Gleichsetzung der Verehrung von Göttern des indischen Himmels und der von Leinwandhelden. So zieren in den Dörfern auch Fotokarten von leicht bekleideten Schauspielerinnen den Hausaltar – gleich neben der kleinen Götterstatue und den Räucherstäbchen. Die großen Stars – zu den wichtigsten männlichen gehören zur Zeit neben dem bereits erwähnten Shah Rukh Khan („SRK") der „Big B" genannte Amtitabh Bachchan, Hrithik Roshan und Aamir Khan – werben auf Plakaten, in Magazinen und im Fernsehen für alles Mögliche, vom Handyvertrag bis zum Kaugummi. So viel öffentliche Aufmerksamkeit nutzen viele Stars auch auf anderer

Ebene: in der Politik. Der Telugu-Schauspieler N.T. Rama Rao stellte sich erfolgreich als Ministerpräsident von Andhra Pradesh zur Wahl. Im Wahlkampf trug er ein ähnliches Kostüm wie das, mit dem er in der Rolle eines Försters Erfolg gehabt hatte. Getoppt wird die Vermengung von Politik und Film in Tamil Nadu: Gleich drei der Ministerpräsidenten des Landes sind mit dem Filmgeschäft verbunden – und jeder Einzelne hat eine Reihe von Verstrickungen in Korruption und Begünstigung vorzuweisen. Skurrile Spuren hinterlassen bis heute die drei Amtszeiten von M.G. Ramachandran – bis heute sprechen viele Menschen in Tamil Nadu nur von „MGR". Wie als Schauspieler pflegte er als Politiker seinen Wiedererkennungswert, zum Beispiel durch das Tragen einer übergroßen Sonnenbrille. Auch als Statue, viele davon noch zu Lebzeiten errichtet, kann man ihn in Tamil Nadu bis heute so bewundern. Wie brisant die Vermischung von Politik und Personenkult werden kann, zeigt das Ende des Filmpolitikers: Nach dem Tod MGRs durch Nierenversagen und Herzstillstand 1987 kam es in Tamil Nadu zu Unruhen. Zuvor sollen sich zwei Dutzend Menschen das Leben genommen haben, angeblich ein Opfer, um ihrem Idol einige zusätzliche Jahre Gesundheit zu ermöglichen. Bei MGRs Beerdigung, bei der mehrere Hunderttausend Menschen zusammenkamen, starben weitere 29 seiner Anhänger im Chaos, Zehntausende ließen sich als Zeichen ihrer Trauer für den Politiker den Kopf scheren.

Amitabh Bachchan, Jahrgang 1942, wäre geradezu ideal für die Rolle des Elder Statesman geeignet. Sein Comeback erreichte er als Moderator der indischen Version von „Wer wird Millionär" – man stelle sich den Nimbus, den Günther Jauch in den ersten Jahren seiner Sendung in Deutschland erwarb, in der Dimension mythischer Anbetung vor! Wiederholt wird „Big B" von der Presse auf etwaige Ambitionen auf politischem Gebiet angesprochen, zumal er Mitte der Achtzigerjahre schon Mitglied des Parlaments war, der Lok Sabha. Allerdings scheint Bachchan aus dieser Episode die Überzeugung mitgenommen zu haben, dass zwischen Schauspiel und Wirklichkeit ein großer Unterschied besteht – und zeigt sich bisher bestenfalls im Film an Machtspielen interessiert.

Natürlich geht auch an der indischen Filmindustrie die Digitalisierung nicht spurlos vorbei. In den Basaren bekommt man in Läden alle aktuellen Filme wahlweise auf DVD und, in etwas schlechterer Qualität, auf mehreren CD-Roms. Die werden oft schon vor dem Kinostart eines Films angeboten! Allerdings liegt der Preis einer schwarz gebrannten Kopie mit unglaublich schlechter Bild- und Tonqualität immer noch mehrfach über dem eines Frontbencher-Platzes im Kino – so heißen die unklimatisierten Plätze vorne, die sich die Rikschawalla und Leiharbeiter leisten. Der Preis für das Glück im Kinosaal ist also gering. Und solange das indische Kino halten kann, was es seinem Publikum verspricht, wird es den Kinosessel nicht gegen einen Platz in einem Internetcafé oder zu Hause eintauschen. Vier Stunden eine andere Welt, das gibt es nur im Kinosaal.

Die Götter auf der Straße

Die Arkaden vor den Läden der Pink City sind noch
grau und leer. In Jaipurs Altstadt hat die Morgen-
dämmerung gerade erst eingesetzt, es ist noch wenig los auf den Straßen. Die Tür des Geschäfts, in
dem ich ein paar Kleider abholen möchte, ist aber
schon offen.[1] Singh, der Schneider, hat noch zu tun,
bevor er sich um mich kümmern kann. Zusammen
mit seinem Lehrling steht er zwischen den beiden
Nähmaschinen und einem wackligen Schrank vor
einem kleinen Brettchen an der Wand. Die beiden
blicken auf eine handgroße, bunte Figur, um die der
Schneider gerade eine Kette duftender weißer und
orangefarbener Blüten legt. Ein kleines Öllämpchen
leuchtet auch auf dem Brettchen, und schließlich ent-
zündet der Mann einige Räucherstäbchen, die er in
eine kleine Messinghalterung gesteckt hat. Bevor er
sie neben die Figur stellt, schwenkt er die rauchen-
den Stäbchen in einer kreisförmigen Bewegung vor
der Figur auf und nieder und bimmelt währenddes-
sen mit einem Glöckchen.

Mit kleinen Zeremonien wie dieser beginnen viele
Inder ihren Tag. „Jeder Arbeitstag sollte mit ein paar
Augenblicken für Vishnu, den Erhalter, anfangen",
sagt Schneider Singh zu mir, als er mir ein paar Mi-

---

1   Ein strenges Ladenschlussgesetz wie in Deutschland
gibt es in Indien nicht – und wenn, würde es wohl keiner beachten. Viele Geschäfte und öffentliche Einrich-
tungen halten sich überhaupt nicht an festgelegte Uhr-
zeiten. Es gilt dann „From sunrise to sunset", geöffnet
von Sonnenauf- bis Sonnenuntergang. Im indischen
Sommer unterbricht die heiße Mittagsstunde oft die
Arbeit, und während des Monsuns schließen viele Geschäfte ganz.

nuten später meine neuen Hemden überreicht. Er ist Vaishnavit, so nennen sich die Anhänger des vielgestaltigen Gottes, und gehört damit zu einer der größten Gruppen des Hinduismus. Als ich zu meinem Hotel zurückgehe, sehe ich auch in anderen Läden und auch auf einigen Karren und Ständen unter freien Himmel Rauchstäbchen verglimmen. Die Straße wird zum Tempel, die Götter sitzen sozusagen auf dem Bürgersteig. Unter Singhs Nachbarn sind vermutlich auch Anhänger Vishnus, sicher aber auch die Shivas, Lakshmis, Parvatis oder eines anderen Gottes des unüberschaubaren Hindu-Himmels.

Der Hinduismus, dem etwa 80 Prozent der indischen Bevölkerung angehören, ist eine vielfältige Form der Religiosität, und Indien ist ein Land der Religionen: Laut der letzten Volkszählung von 2001 bilden die Muslime mit etwas mehr als 13 Prozent die zweite große Gruppe des Milliardenvolks, Christen machen etwas mehr und Sikhs etwas weniger als zwei Prozent aus, und unter ein Prozent der Bevölkerung gehören den Buddhisten, den Jains, den Parsen und anderen Glaubensrichtungen an. Je nachdem wo man sich in Indien aufhält, begegnet man manchen Glaubensvertretern häufiger: In Kerala in Südindien und Goa beispielsweise leuchten schlagsahneweiße Kirchen, im Nordwesten dagegen sieht man die großen Turbane und Ehrfurcht gebietenden Bärte der Sikhs häufiger als im Süden.

Dieser religiösen Vielfalt begegnet man auf Schritt und Tritt, denn Religion ist Teil des Lebens in Indien – die Grenzen zwischen weltlichen und religiösen Handlungen verschwimmen immer wieder. Wie es für Herrn Singh ganz natürlich ist, vor dem ersten Handschlag seinen Geschäftsraum für ein paar Augenblicke in einen Privattempel zu verwandeln, so selbstverständlich sind die in den Augen ihrer Besit-

zer gar nicht so kleinen Götter an den Windschutz-
scheiben von Taxis und Bussen – dort handelt es sich
sehr oft um den elefantenköpfigen Ganesha, der Hindernisse aus dem Weg räumt, was bei dem indischen
Fahrstil auch bitter nötig ist.

Durch alle Stufen von Bildung und Wohlstand ist
die Bedeutung des Glaubens sichtbar. Eines der besten Hotels in Ahmedabad, seit Jahrzehnten in Familienbesitz, baute vor einigen Jahren einen luxuriösen
Swimmingpool in einen Teil des historischen Haupt-
gebäudes. Eine Investition, um in Zeiten des Wellness-
Tourismus mit den modernen Fünf-Sterne-Kästen am
Stadtrand weiterhin konkurrieren zu können. Den
Besitzer Abhay Mangaldas – Manager, Multimillio-
när und Ur-Urenkel des Dynastiegründers in einer
Person – lerne ich als weltgewandten Geschäftsmann
kennen: ein Macher mit kräftigem Händedruck, der
den ehemaligen Stammsitz seiner Familie von einer
Ruine in ein Schmuckstück verwandelte. Ein Bad im
Pool hatte ich da schon genossen. Der Boden des Be-
ckens und die Decke darüber sind ganz mit fein aus-
geführten, riesigen Lotusblüten verziert – unten als
Mosaik, oben als Malerei. Ein Mobile unter der Decke bringt das Motiv in Bewegung. „Oh, das ist mehr
als ein Design", erklärt Mangaldas stolz, als ich ihn
auf die Blüten anspreche. „Dieser Lotus ist einem Bild
entnommen, das Shri Nathji von Nathadwara zeigt",
sagt er und muss lächeln, als er meinen verwirrten
Gesichtsausdruck sieht. Shri Nathji ist eine Form
Krishnas, klärt mich der Hotelmanager auf. Krishna wiederum, auf Millionen Bildern als süße Butter
mopsendes Dickerchen oder Hirtinnen verführen-
der Beau dargestellt, ist einer der bekanntesten Ava-
tare Vishnus – zu dessen wichtigsten Symbolen auch
der Lotus zählt. Die Gottheit wird in einem Tempel
im Ort Natahdwara bei Udaipur in Rajasthan ver-

ehrt, und die Mangaldas-Familie fühlt sich diesem Gott seit Generationen verbunden – regelmäßig besuche er gemeinsam mit seinen Angehörigen den Pilgerort in dem Nachbarstaat, erzählt Mangaldas. „Wir hoffen, uns der Unterstützung Shri Nathjis zu versichern, indem wir an ihn bei der Gestaltung des Pools erinnern", sagt der Hotelmanager, als ginge es um seinen besten Mitarbeiter, und fügt pragmatisch an: „Und außerdem sieht es schön aus."

Der moderne Unternehmer, der stolz auf die religiösen Wurzeln seiner Familie hinweist – eine ähnlich faszinierende, aber auch von inneren Widersprüchen bedrohte Kombination prägt auch den Staat Indien. Was seine Gründerväter Gandhi, Nehru und Ambedkar schufen, sollte ein säkularer Staat sein, der Schluss machte mit religionsbedingter Unterdrückung: Gleichberechtigung für alle Bürger! Mutter Indien liebt alle ihre Kinder gleichermaßen – das bleibt auch heute der Inbegriff der indischen Staatsräson. Doch Indien ist nach etwas mehr als ein paar Jahrzehnten noch weit von einer Trennung von Religion und Weltlichem entfernt. Zu sehr ist es die Religion, die die Gesellschaft zusammenhält.

Der Hinduismus ist älter als das Christentum. Die Überlieferung der Veden geht auf eine Zeit um 1500 vor Christus zurück. Sie erzählen vom *dharma,* Regeln zum Zusammenleben der Menschen, ihren Pflichten und Aufgaben. Das Dharma schafft ein bemerkenswert stabiles Gesellschaftssystem, gegliedert in eine sorgfältig abgestufte Hierarchie von sozialen Gruppen – die Kasten –, die neben und auf Kosten von bedauernswerten Außenseitern, den Unberührbaren, leben. Dass dies mehrere Jahrtausende so blieb, dafür sind zwei Vorstellungen besonders verantwortlich. Erstens: Niemand kann sich aussuchen, Hindu zu werden oder nicht – ist man als einer geboren, wird man als einer sterben. Gleiches gilt für die Kastenzugehörigkeit, zumindest zu Lebzeiten. Zweitens: Wir alle werden wiedergeboren – wie, das hängt von uns, nein: von unserem *karma* ab. Letzteres ist leider etwas, auf das wir nur bedingt Einfluss haben – denn es handelt sich um die Summe von allen Gedanken, Taten, körperlichen Wünschen und seelischen Zuständen, die unsere Existenz durchläuft. Und wer kontrolliert schon alle seine Gedanken, geschweige denn Zustände?

Allerdings kann man versuchen, sein Karma nicht noch zu verschlechtern. Zu den Pflichten eines Hindu gehören Gewaltlosigkeit, Geduld und Wahrhaftigkeit. Also verzichtet man darauf, gegen das sowieso Unveränderliche aufzubegehren, denn Opfer werden belohnt – Revolutionen sind damit eigentlich ausgeschlossen.

Da die Kasten Teil der vorgeschriebenen Weltordnung sind, verschlechtern Ehen zwischen Angehörigen verschiedener Kasten zwangsläufig auch deren Karma, und das ihrer Familienmitglieder. Die Vermeidung solcher Ehen ist hingegen ein Beitrag zur gesellschaftlichen Stabilität.

Kein Wunder also, dass auch heute noch die meisten indischen Ehen mit Rücksicht auf Kastenzugehörigkeiten geschlossen werden. Und kein Wunder, dass ein frommer Hindu nicht in ein Steakhaus geht. Denn Kühe verkörpern das Göttliche: Krishna hütet sie, Stiere dienen Shiva als Reittier und auf Erden spenden sie mit Milch, Dung und mit Muskelkraft Leben.[2] So etwas legt man sich nicht auf den Teller, außer man möchte im nächsten Leben als Frosch in Frankreich wiedergeboren werden. Einen großen Bogen macht ein Gläubiger um ein Restaurant, wenn

---

2   Siehe Kapitel „Auch Heilige müssen arbeiten".

dort Tandoori Chicken auf der Speisekarte steht – das Huhn könnte ja schließlich die Inkarnation eines verstorbenen Freundes sein.[3] Manchmal legt auch das Verhalten einiger indischer Autofahrer nahe, dass sie die nächste Wiedergeburt eher als Chance denn als Bedrohung empfinden.

Wie einschneidend Religion den indischen Alltag bestimmen kann, zeigt das Kastensystem und seine Auswirkungen bei der Auswahl des Ehepartners. Schon die Verbindung beider Themen zeigt die Vermischung religiöser und sozialer Problematik, die keine Vergleiche mit mitteleuropäischen Verhältnissen zulässt. Für viele Inder ist eine Ehe mit jemandem außerhalb der eigenen Kaste unvorstellbar, weil es für den Einzelnen und beide Familien unüberschaubare Folgen bedeutet. Folgen, die sich nicht nur auf den sozialen und finanziellen Status auswirken, sondern die eigentlich nur mit Vokabular aus der Esoterik zu beschreiben sind: Die eigene Rolle und die aller Angehörigen droht durch eine solche Heirat im kosmischen Ganzen Schaden zu nehmen.

Natürlich gibt es Ausnahmen. Nicht jede Inderin und jeder Inder halten sich bei der Partnerwahl an die Kastenregeln. Manche derer, die im Westen ausgebildet werden, arbeiten und ihre Freizeit verbringen, gehen einen anderen Weg. Dem Besucher aus Europa gegenüber wird gern betont, wie aufgeklärt man in diesen Dingen heute sei: „Nein, die Kaste spielt heute keine große Rolle mehr" – welche Hintergründe die Ehe der eigenen Kinder hatte, wird lieber übergangen. Füllt der Angesprochene ein bedeutendes Amt aus, wird die Kastenzugehörig-

---

3   Siehe auch Kapitel „Essen wie die Götter in Indien".

keit mit Rücksicht auf politische Korrektheit oft erst gar nicht erwähnt. Ein anderes Bild enthüllen die Kleinanzeigen in den Zeitungen. In den Inseraten beschreiben Bräute und Bräutigame in spe sich mit Angabe der Größe, dem genauen Geburtsort und -zeitpunkt (wegen des Horoskops) sowie mit Sprache, gesellschaftlicher Gruppenzugehörigkeit und ihrer Kaste. Der Zusatz „caste no bar" kann bedeuten, dass bei der Partnerfindung die Kaste gar keine Rolle spielt, aber auch dass innerhalb einer Hauptkaste auch Interessenten aus nahen Unterkasten in Frage kommen. Die meisten Inserenten verzichten aber nicht auf Kastenangaben. Dabei werden Inserate sogar billiger, wenn man das Thema Religion ausspart: Die *Hindustan Times* und die *Times of India,* beide überregional erscheinend, bieten seit Jahren regelmäßig Preisnachlässe für Anzeigen ohne Hinweis auf „Religion, Kaste oder andere religiöse Kriterien".

Haben sich zwei Menschen und ihre Familien über eine Heirat geeinigt, ist dies normalerweise ein freudiger Anlass, der von allen Beteiligten auch so empfunden wird.[4] Mit etwas Glück kann man als Reisender wenigstens einen Teil der Hochzeitszeremonien miterleben. In der Heiratssaison – Termine werden unter Berücksichtung der Konstellation der Sterne festgelegt – ziehen die Familien in Prozessionen durch die Stadt. Manchmal bildet sich so ein Auflauf, dass man ihn für die eigentliche Feier halten könnte: Dutzende, manchmal Hunderte Menschen ziehen in farbenfrohen Gewändern durch die Straßen und verstärken das übliche Verkehrschaos noch. Eine Blaskapelle in Zirkusuniformen und Paukenun-

---

4 Zu der Praxis der Schwiegertochtermorde und der Dowry siehe Kapitel „Die Straße der Frauen".

terstützung begleitet den Zug. Sie spielt meist nicht besonders melodiös, sorgt aber für Rhythmus und Lärm. Der Krach ist nötig, um den Generator für die Neonleuchten und tragbaren Kronleuchter, die Träger auf ihren Köpfen balancieren, zu übertönen. Reitet inmitten des Zuges ein junger Mann auf einem Pferd, handelt es sich um den Bräutigam, der gerade zum Haus der Familie seiner Zukünftigen geführt wird. Normalerweise ist es aber lediglich der Auftakt der Rituale, die sich über mehrere Tage erstrecken. Eine Hochzeit nach Hindu-Ritus ist für Braut und Bräutigam eine Belastungsprobe: Bis zu drei Tage können die Feierlichkeiten dauern, Tausende Gäste sind nicht unüblich – und zu der körperlichen Belastung kommt die Anspannung, ob der oder die andere wirklich die richtige Wahl ist. Gelegenheit, sich kennenzulernen, haben viele Paare erst nach den Zeremonien.

Viele junge Inder finden nichts Schlechtes daran, dass die Partnerwahl von den Eltern übernommen wird. Allerdings haben die Jungverheirateten, mit denen ich darüber sprach, wie sie zu ihren Göttergatten oder -gattinnen kamen, erklärt, dass ihnen von ihren Eltern eine Art Vetorecht eingeräumt worden sei. „Ich habe meinen Sundar ein paar Monate vor unserer Hochzeit bei einem Onkel gesehen, als er mit seiner Familie dort zum Tee eingeladen war", erzählt mir eine junge Inderin, die in einem großen Hotel im unteren Management arbeitet, also viele Kontakte zu Menschen aus dem Westen hat und über eine gute Ausbildung verfügt. „Wenn er mir nicht gefallen hätte, hätte ich Nein sagen können." Dass mir wie den meisten Europäern ein kurzer Blick über die Zuckerdose für die Brautschau nicht ausgereicht hätte, ist der jungen Frau zwar bewusst, aber herzlich egal. Sie ist glücklich, ebenso wie ihre Familie und die Götter.

Meine Begegnungen mit Schneider Singh in Jaipur, dem Geschäftsmann Mangaldas oder der frischverheirateten Hotelangestellten sind nur Beispiele für den Glauben im indischen Alltag. Mit großer Selbstverständlichkeit gestatten Millionen Inder der Mischung aus gesellschaftlichen Ansprüchen und Religion mehr Einfluss auf ihr tägliches Leben, als es sich die meisten Mitteleuropäer für sich selbst vorstellen könnten. Wirklich erklären können sie die Rolle der Spiritualität nicht. Im Gegenteil, immer wieder überrascht es und verwirrt, wie sich der Glaube zeigt: ob in Form der Shiva Lingams, phallisches Zeichen für die Kraft des Weltenherrschers, die in Benares die Straßen und Ghats zu Tausenden schmücken; in Gestalt von Pilgern, die wochenlange Entbehrungen und Reisen über den Kontinent auf sich nehmen, um ein Gelübde zu erfüllen; oder als winzige orange bemalte Statue eines Gottes, der wegen der dicken Schicht aus erstarrtem Opferöl nicht zu erkennen ist, die einsam auf einem Feld im Nirgendwo steht und doch mit einem Blütenkranz geschmückt ist. Wenn ein freundlicher Priester im Tempel mir als Besucher einen roten Fleck auf die Stirn drückt – ein Glück bringendes Segenszeichen – werde ich dadurch nicht zum Hindu. Doch die Frage, ob sich hinter dem Symbol doch etwas mehr als nur rote Farbpigmente verbergen, rückt ein wenig näher. Vieles bleibt unerklärlich. Doch das zeichnet Wunder ja aus.

Warum Handysocken schlecht fürs Karma sind

Maheesh und ich verstehen uns sonst gut. Längst haben der Fahrer und ich uns angefreundet, denn mit seinem Englisch ist es nicht besonders weit her, und ich bin der Einzige in dem Mietauto, der wenigstens ein bisschen Hindi spricht. Sonst versucht Maheesh mein Hindi auf unserer langen, mehrere Wochen dauernden Tour nach Kräften zu verbessern, sagt „Batakh"[1] und zeigt auf eine tote Ente am Straßenrand oder macht jedes Mal ein Geräusch, das wie Uuuuschtr klingt, wenn er ein Kamel sieht – er spricht mit einem kräftigen Dialekt. Auch sonst erklärt er mir alles Nötige. Heute allerdings ist er merkwürdig. Immer wieder wirft er mir Seitenblicke zu, rutscht ungemütlich auf seinem Sitz hin und her und ist auffallend still. „Are, kya baad hai? Sab thiik hai?", frage ich ihn nach zwanzig Kilometern Herumgedruckse – was ist los, alles in Ordnung? Doch, doch, schon ... Einige Schlaglöcher später kommt es dann: Ob ich – bitte! – das da weglegen könne?

„Das da" war mein Handy, das ich immer mal wieder während der Fahrt benutzt hatte. An diesem Tag gab es aber einen Unterschied: Ich hatte es in eine Babysocke gepackt, die ich als Schutz gegen Staub und Stöße verwendete. Maheesh hatte gesehen, wie ich mein Telefon aus einer Socke zog – mit der Hand! – und dann damit jemanden anrief, naturgemäß nahe an meinem Mund.

Das wirkte auf den Fahrer mehr als abstoßend – so sehr, dass er mich nur mit einiger Überwindung auf

---

1 Batakh: Ente, Uumdt bzw. Uuschtr: Kamel.

meinen Fauxpas aufmerksam machen konnte. Füße, das sie umgebende Schuhzeug und auch Socken gelten in Indien als unrein, indiskutabel, pfui. Entsprechend viel Respekt zeigt man, wenn man Anstalten macht, jemanden bei der Begrüßung an den Füßen zu berühren. Eine übliche, aber äußerst intime Geste, wenn beispielsweise jüngere Familienmitglieder ältere begrüßen. Ist die Oma dem Enkel wohlgesonnen, hält sie ihn auf, bevor es tatsächlich zur Berührung von jugendlichen Fingerspitzen und Greisenfuß kommt. Als Mensch aus dem Westen sollte man sich die Geste besser sparen – außer man besitzt viel Feingefühl für indische Gesten oder hat eine indische Oma.

Vermutlich habe ich das Mobiltelefon auch noch mit der linken Hand an mein Ohr und an meinen Mund gehalten. Maheesh muss es gegraust haben. Wird doch schon den kleinsten Kindern beigebracht, dass die rechte Hand für alles da ist, was möglichst sauber sein sollte – Essen, Trinken, und was die Hand sonst in die Nähe des Mundes führt. Denn die Linke ist für das Gegenteil reserviert – in einem Land, das ohne Klopapier auskommt, eine pragmatische Lösung. Es ist gar nicht so einfach, bei einer Einladung an einem Tisch, an dem alle mit den Händen essen, und das sehr geschickt, konsequent auf eine Hand zu verzichten. Verwechselt man die Falsche doch einmal mit der Richtigen, wird zwar niemand mit dem Finger auf einen zeigen – noch eine unerhörte Geste. Aus Höflichkeit spricht auch niemand den Unhold darauf an. Denn das würde den Gast sein Gesicht verlieren lassen, was auch für den Gastgeber peinlich wäre. Gesehen wird es aber – und Maheesh zweifelt vermutlich noch heute an meiner Kinderstube.

Allerdings wird Ausländern viel nachgesehen – nicht nur aus Höflichkeit, sehr oft auch einfach aus der herzensguten Überzeugung vieler Inder, dass alle Menschen Fehler machen. Der Gast ist Raja[2]! Umso mehr, wenn er zumindest versucht, nicht völlig aus der Reihe zu tanzen. Was beispielsweise das Essen mit den Händen angeht, kann es manchmal die beste Lösung sein, einfach nach Messer und Gabel zu fragen. Vorausgesetzt, man hat sich vorher versichert, dass der Gastgeber – Vorsicht, Gesichtsverlust! – etwas dergleichen im Hause hat.

Ob links oder rechts – sich zur Begrüßung die Hand zu reichen, ist für viele traditionsbewusste Inder ebenfalls mehr als nur unangenehm. „Das ist wie ein Angriff, nein, das ist eine Verletzung", erklärte mir Vimal, der befreundete Fotograf. „Man sieht sich, du streckst dem anderen die Hand entgegen, fasst ihn oder sogar sie an – das geht doch nicht!" Deswegen nicht, weil Berührungen auch mit der Frage der richtigen Kaste verbunden sind – und ob man zufällig selbst zu der gehört oder nicht (als Christ und Ausländer normalerweise nicht), wird schließlich erst nach der Begrüßung klar. Wenn man also nicht will, dass sich derjenige, den man händeschüttelnd empfangen hat, schwarz ärgert, weil er sich danach erst einmal einer rituellen Reinigung unterziehen muss, wartet man zunächst besser ab, wie der andere sich verhält. Legt der oder die andere die Handflächen zum Namaskar[3] aneinander, macht man es einfach genauso.

Gerade in Bereichen, in denen viele Ausländer unterwegs sind, ob als Touristen oder auf Geschäftsbesuch, gibt es Menschen, die sich das Wissen um die Unterschiede im täglichen Umgang zunutze

---

2   Raja: König, Herrscher; Maharaja: großer König.
3   Namaskar/Namaste: Willkommens- und Abschiedsgruß, sowohl als Geste als auch in gesprochener Form.

machen. Auf einem Spaziergang durch die Arkaden des Connaught Place in Neu-Delhi begegnet man das ganze Jahr über Dutzenden Schleppern, die mit einem strahlenden „Hello friend!" dem gerade aus dem Flugzeug gestolperten Westler die Hand entgegenstrecken und gar nicht mehr loslassen wollen. Dahinter stecken vermutlich keine freundlichen Motive. Am besten ist es, in so einer Situation genauso zu reagieren, wie man es zu Hause wohl auch tun würde: Die Hand des Unbekannten erst einmal ignorieren – und sollte der Schlepper anfangen, einen zu berühren, dagegen deutlich protestieren.

„Wie passen die gefalteten Hände zur Vorstellung, dass die Linke unrein ist und die Rechte rein?", frage ich Vimal. Er blickt mich verständnislos an und fängt dann an zu grinsen: „We don't count germs, we count on gods" – wir zählen keine Bakterien, wir zählen auf die Götter, klärt er mich auf. Dass Krankheiten durch kleine Erreger übertragen werden, ist nicht die Grundlage für die Festlegung, dass man eine Hand, die man zur Körperreinigung verwendet, nicht zum Essen benutzt. „Außerdem wasche zumindest ich mir die Hände – beide", sagt mir Vimal ein wenig vorwurfsvoll. Seine Linke sei unrein, nicht dreckig, sagt er schmunzelnd. Die Unterscheidung von linker und rechter Hand, Mund und Fuß geht tiefer: Unreines zu berühren und von Unreinem berührt zu werden, hat direkten Einfluss auf das Karma. Kein Wunder also, dass niemand in Sandalen durchs Haus stapft, wenn dadurch die göttliche Ordnung und die eigene Wiedergeburt als Mensch ins Schleudern geraten.

Kann das auch als Erklärung für die etwas merkwürdige Art von Sauberkeit in öffentlichen Plätzen, wie Restaurants und Hotels, dienen? Wischlap-

pen, die aussehen, als würde mit ihnen seit Eröffnung des Lokals vor zwanzig Jahren die Tische
gewischt, Bettlaken, die seit der Abreise des vorhe-
rigen Gastes zwar nicht ausgetauscht, aber immerhin gewendet wurden – immer mal wieder wird
man Zeuge eines gewissen Bemühens um Hygiene, das aber von vornherein zum Scheitern verur-
teilt ist. Es passiert nicht selten, dass demonstrativ
der Putzlappen geschwungen wird, wenn sich ein
Gast in einem Restaurant niederlässt. „Hier können
Sie unbesorgt speisen", soll das Reinigen von Fuß-
boden und Tischplatte signalisieren – in dieser Rei-
henfolge und mit demselben Lappen, der in densel-
ben Eimer mit dunkelbraunem Wasser getaucht
wird. Auf meine Nachfrage, ob der Kellner nicht einen anderen Lappen für den Tisch benutzen könne,
erntete ich einmal ehrliches Erstaunen und die inte-
ressierte Nachfrage: „Kyon?" – warum? In den Augen des Kellners war das Putzwasser und der Lappen sauber – und mein Wunsch, freundlich gesagt,
verschroben. Für viele solcher Situationen mag Vi-
mals Spruch von der göttlich orientierten Hygiene-
ordnung die richtige Erklärung liefern: So wie die
linke Hand durch die Benutzung auf der Toilette für
einen frommen Hindu unrein wird, ist Wasser etwas Reines – auch wenn der Dreck des Restaurant-
fußbodens darin schwimmt.
Natürlich ist nicht jedes klebrige Hotelzimmer, sind
nicht alle verkrusteten Busse und ekligen Kaschem-
men die Folge eines besonderen religiösen Reinlich-
keitsverständnisses. Vielleicht ist der Besitzer eines
solchen Ortes einfach nur faul – oder er hatte nie die
Gelegenheit zu lernen, dass es fürs Geschäft besser
ist, wenn alles einen properen Eindruck macht. Aus
weniger appetitlichen Situationen zu folgern, Indien
sei einfach ein unhygienisches Land, ist aber falsch.

Ein Besuch bei einer indischen Familie beweist das Gegenteil. Da wird so lange geputzt, bis kein Krümel mehr auf dem Boden ist.

Die Hintergründe der indischen „Don'ts" zu kennen, ist allemal nützlich. Einfach weil es leichter wird, sie zu berücksichtigen und die Reaktionen der Mitmenschen zu verstehen. Auf meiner ersten Indienreise habe ich mich lange gewundert, warum während langer, heißer Bahnreisen niemand meine Angebote, Wasser zu teilen, annahm. Immer wieder erlebte ich, dass eine Flasche durch das Abteil kreiste, und sich jeder bediente – aber nicht von meiner. Schließlich fiel mir auf, dass niemand die Flasche mit den Lippen berührt. Jeder hält das Gefäß so geschickt ein paar Zentimeter vor den geöffneten Mund, dass das Wasser als Strahl hineinspritzt. So wird die Flasche nicht durch die Berührung mit den Lippen verunreinigt – und keine Flüssigkeit kann aus dem Mund des Trinkenden in den Behälter zurückfließen. Wer darauf Wert legt – ob aus gesellschaftlich-religiösen Gründen oder einfach, weil er keine Lust auf Herpes hat – wird das Angebot eines Fremden, der gerade eben noch an seinem Flaschenhals gelutscht hat, dankend ausschlagen.

Auch hier kann man als Ausländer auf die Nachsicht der meisten Inder zählen. Schwieriger wird es, wenn es um die wichtigen Fragen des Lebens geht: „Wie, schon über zwanzig und noch keine Kinder?" In vielen Indern, die gewohnt sind, dass man früh heiratet und früh Kinder bekommt, beginnt es nach so einem Geständnis schwer zu arbeiten. Woran kann es liegen – hat er kein Geld? – nein, das Flugticket kann er ja auch bezahlen. Kein Glück bei den Frauen – wer ist das dann auf dem Foto, dass er gerade herumreicht? Vielleicht etwas Medizinisches …? Spätestens an die-

sem Punkt wird der Gedankengang heikel, denn er berührt das Thema Sexualität. Kinder kriegen – kein Problem, das ist etwas, über das man viel und gerne spricht. Kinder machen und was damit zusammenhängt ist als Gesprächsthema tabu. Sexualität zu zeigen, erst recht. Selbst in Goa, dem Bundesstaat Indiens, der für seine westliche Orientierung und das Laisser-faire seiner Bewohner bekannt ist, ist es keiner Frau zu raten, sich oben ohne an den Strand zu legen. Filmküsse sind immer noch selten und werden meist nur angedeutet, an die Stelle von Sexszenen treten „Rain scenes", in denen Hauptdarsteller und -darstellerin im dünnen Hemdchen nass werden. Echte Küsse von verliebten Pärchen sind in der Öffentlichkeit inzwischen häufiger zu sehen als früher, werden aber sparsam eingesetzt.
Warum diese Zurückhaltung im Land des Kamasutra und der Tempel mit mehr als barock wirkenden, barbusigen Steintänzerinnen? Indien ist eines der prüdesten Länder der Welt – und es ist gut möglich, dass dies zu den großen Vermächtnissen ihrer einstigen Kolonialherren gehört. Selten war die Kolonialmacht so stark und übte so viel Einfluss auf das Leben der Inder aus wie zu Zeiten von Königin Viktoria. Ihr Motto zur Sexualaufklärung damals prägte nicht nur die Briten: Lehn dich zurück und denk an England. So ähnlich, wenn auch mit anderer nationaler Denkrichtung, geht es vermutlich heute in vielen indischen Betten zu. Die Veden sehen ein Zuviel an Genüssen als schädlich an, auch das Kamasutra Vatsayana ist kein Erotikhandbuch für Fortgeschrittene, sondern vor allem ein Regelwerk zum menschlichen Zusammenleben. Allerdings wurde in dem fast 2 000 Jahre alten Bestseller dabei die Sexualität nicht verpönt oder gar verteufelt. Diese Tendenz ist etwas Modernes, und ihre Folge ist ein zwiespältiges Verhältnis zu körperlicher Liebe in

der indischen Öffentlichkeit: Alles, was damit zu tun hat – ob ein flüchtiger Kuss in der Öffentlichkeit oder eine zurückhaltende Broschüre zur sexuellen Aufklärung – wird schnell in eine Schublade mit Pornografie und unsittlichem Verhalten geworfen.

Die indische Prüderie kann aber auch entspannend sein. Vielen, denen die Massen an hautfarbenen Rundungen in mitteleuropäischen Innenstädten und knalligen Werbeprospekten zu viel des Guten sind, erscheint der Subkontinent als beruhigend entschärfte Umgebung. Problematisch wird es, wenn Aufklärung Not tut. Wissen über Sexualität in der Bevölkerung zu vermehren, ist schon wegen der Familienplanung dringend nötig. Ein großes Problem ist die immer weiter wachsende Bevölkerungszahl. Genauso wichtig ist Familienplanung aber auch im Zusammenhang mit der Stärkung der Rechte von Frauen – beispielsweise weil die erste Schwangerschaft für die werdende Mutter das Ende jeder Ausbildung bedeutet.[4] Doch Aufklärung ist in einem Land, in dem das Thema Sex generell tabu ist, nicht einfach. Am deutlichsten ist die Konsequenz dieses Problems an der Verbreitung des HI-Virus zu erkennen. In Indien leben über zwei Millionen HIV-Infizierte – nur in Südafrika und Nigeria gibt es noch mehr Menschen, die den Erreger in sich tragen. Gründe sind Prostitution – die, wieder eine Parallele zum viktorianischen England, weit verbreitet ist – sowie geringe Aufklärung über Aids und seine Übertragungswege. Laut Unicef weiß in Indien nur jeder Zweite, wie man sich vor der Immunschwächekrankheit schützen kann. So ist Indien immer noch weit davon entfernt, die Verbreitung von Aids unter Kontrolle zu haben. Sowohl eine staatliche Organisation auf nationaler Ebene als auch

---

4   Siehe Kapitel „Die Straße der Frauen".

zahlreiche Nichtregierungsorganisationen arbeiten daran, die Versorgung von Infizierten zu verbessern. Dazu gehört nicht zuletzt, die Stigmatisierung von HIV-Infizierten zu verhindern. Informationsveranstaltungen oder Aids-Aufklärungsplakate sind jedoch immer noch die Ausnahme im indischen Straßenbild. Tabus sind nicht leicht zu überwinden.

Ist Indien ein Land der Tabus und der unzähligen Fettnäpfchen, die nur darauf warten, dass ausländische Gäste durch sie stapfen? Die meisten Inder sehen das nicht so – und verhalten sich dabei nicht anders als Mitteleuropäer, die das Leben in ihrer Heimat als frei von religiösen Zwängen und gesellschaftlichen Vorgaben preisen. Ich habe mich längst damit abgefunden, dass ich immer auf die Hilfe meiner Gastgeber angewiesen sein werde, um mich an den Klippen der indischen Etikette vorbeizumanövrieren. Immer wieder passiert etwas Neues, bei dem allen anderen außer mir das richtige Verhalten so offensichtlich wie ein Naturgesetz zu sein scheint. Das kaum ein Besucher es schafft, einen Aufenthalt hinter sich zu bringen, ohne einen Fauxpas zu begehen, mag aber nicht nur an der Andersartigkeit der indischen Kultur im Vergleich zu der des Westens liegen. Indien ist in sich selbst heterogen, so vielfältig ist die Mischung aus Religionen, Sprachen und Traditionen, so schnell ist das Land vom vorindustriellen Land der Rajas und Sultane zur modernen Wirtschaftsmacht geworden. Um den alltäglichen Spagat zwischen den vielen Zutaten dieser Mischung durchzuhalten, kann es eigentlich gar nicht genug unausgesprochene Regeln und ungezählte Riten geben.

Fettnäpfchen für Nicht-Inder

Sie wissen schon, dass man nicht in Leder-
schuhen durch Jain-Tempel stapft, vermeiden heftige Zungenküsse in der Öffentlichkeit und würden in einem indischen
Kinosaal niemals mit der linken Hand Pop-
corn essen? Hier eine Auswahl einiger anderer Fettnäpfchen, in die der Durchschnitts-
europäer gerne tapst.

Nerven zeigen. Je touristischer eine Gegend ist, umso hartnäckiger und pene-
tranter treten Straßenhändler auf. Neuankömmlinge reagieren auf unzählige
„Hello friend"-Rufe erst genervt, werden
dann laut und suchen am Ende ihr Heil
in der Flucht oder kaufen alles, was ihnen entgegengestreckt wird. Jemand, der
herumbrüllt, wird als sehr unhöflich angesehen. Eine bessere und auch weniger
anstrengende Reaktion ist: klar und bestimmt zeigen, dass man nicht interessiert
ist – und dabei die gute Laune bewahren.
Je weniger Worte man dabei macht, umso
besser, denn lange Erklärungen wird ein
guter Händler als Aufforderung zu einem
Verkaufsgespräch verstehen.

**Lassen Sie Ihre kurzen Hosen zu Hau-
se.** Als in den Neunzigerjahren die halbe
Welt zum Sommerhit „Macarena" tanzte,
traten in dem Musikvideo Frauen aus aller Welt auf. Die Inderin gehörte zu den

wenigen, deren Beine bedeckt waren. Dafür dass das Lied ein One-Hit-Wonder war, zeigte das Video ein bemerkenswertes Gespür für die Jahrtausende alten indischen Kleidungsgewohnheiten. Eine Frau in Hotpants oder Minirock könnte für viele Inder eigentlich auch gleich ganz auf Kleidung verzichten. Übrigens: In dieser Hinsicht herrscht in Indien Gleichberechtigung. Kurze Hosen an Männerhüften wirken auf Inder, als ob ihrem Träger nach dem Kauf der Unterwäsche das Geld ausgegangen ist. Ihre Träger werden vielleicht nicht sexuell belästigt, machen sich aber unter Garantie lächerlich. Ausnahmen gelten, wie bei fast allen Punkten dieser Aufzählung, für Goas Strände.

Westliche Frauen in Saris. Das Wickeln einer locker ein Dutzend Meter langen Stoffbahn zu einem bezaubernden Kleid bekommt eine selbstbewusste Dame aus Mitteleuropa ohne Zweifel hin – dafür gibt es Spiegel, Anleitungen im Internet und geduldige indische Gastgeberinnen. Die Herausforderung besteht darin, einen Sari einen Abend lang zu tragen. Ich kenne Frauen, die es sehr anstrengend finden, den Stoff über Stunden hinweg an den richtigen Stellen zu halten. Noch schwieriger scheint es zu sein, mit einem Sari so selbstverständlich zu verschmelzen, wie es die meisten Inderinnen tun. Vielleicht liegt es daran, dass Inderinnen mindestens ein Jahrzehnt Zeit hatten, das

Tragen zu üben – wenn nicht, sind sie noch Kinder und können sich sowieso alles herausnehmen. Europäerinnen in Saris, die zum ersten Mal das traditionelle Kleidungsstück ausprobieren, wirken sehr oft eher kostümiert als angezogen. Das ist kein Problem, wenn nur die beste Freundin zuschaut – aber unpassend bei einer Einladung zum Fünf-Uhr-Tee oder beim Shopping im Basar.

Sich bei jeder Gelegenheit bedanken. Hat Ihnen jemand einen großen Gefallen getan, Ihnen ein Geschenk überreicht oder aus der Patsche geholfen, ist ein Dankeschön angebracht: *Dhanyavaad* sagt man gegenüber Hindus, *Shukriya,* wenn der andere ein Muslim ist. Für die Erledigung einer Dienstleistung, für die man bezahlt und die ohne große Begeisterung ausgeführt wird, reicht ein freundlicher Blick – der entspricht unserem „Danke". Einem Rikschawalla für das Wechseln einer Fünfzig-Rupien-Note „thank you" mit auf dem Weg zu geben, ist nett, aber unnötig.

Gesten missverstehen. Ich sitze zusammen mit einem freundlichen Herrn, gemeinsam schlürfen wir Tee. Ich erzähle von meinem letzten Aufenthalt, und dass das Wetter heute ganz wunderbar ist – der Herr wiegt den Kopf, als zweifle er an meinem Urteil. Ich erwähne, wie lecker ich Chicken tandoori finde – schon wieder scheint der Herr Einwände zu haben. Ist er Vegetarier? Vielleicht – aber darauf hat er vermutlich nicht angespielt. Bei Unterhaltungen signalisiert man in Indien durch leichtes Wiegen des Kopfes, dass man aufmerksam zuhört und allem zustimmt. Dummerweise kommt die Geste einem verhaltenen Kopfschütteln recht nahe. Ein guter Test, um zu überprüfen, wie schwer es fällt, die Gewöhnung an eine Geste wie das Kopfschütteln abzustreifen. So schwer wie das ist, kann man von Glück sprechen, dass das entschiedene Kopfschütteln eines Westlers meist als Nein verstanden wird.

Falsche Gesten verwenden. Als ordinärer Schrat outet sich, wer mit ausgestrecktem Zeigefinger eine Richtung anzeigt oder auf sich aufmerksam machen will. Die indische Entsprechung ist, mit allen fünf Fingern einer Hand zum Zielpunkt zu weisen und die Hand dabei leicht mit dem Handgelenk in Vierteldrehungen schnell hin und her zu bewegen.

Tischmanieren. Dass die linke Hand für die Berührung von Essen tabu ist, steht in jedem Reiseführer. Weniger bekannt ist, dass geräuschvolles Schnäuzen bei Tisch ebenfalls ein Zeichen schlechter Kinderstube ist. Wenn die Nase läuft – und bei scharf gewürzten Speisen läuft meine oft – erledigt man das Naseputzen auf der Toilette. Sollte ihre charmante Tischnachbarin oder der Gastgeber nach einem guten Essen vernehmlich rülpsen, runzeln Sie nicht die Stirn. Dies ist nur eine Weise zu zeigen, dass es geschmeckt hat.

Sitzordnung im Bus beachten. Besonders in ländlichen Gegenden vermeiden es die Leute, sich neben Fremde des anderen Geschlechts zu setzen. In Bussen sind die vorderen Sitzbänke häufig zumindest theoretisch für Frauen reserviert. Ein Blick auf die anderen Passagiere zeigt sehr schnell, wie emanzipiert es jeweils zugeht. Setzte ich mich in einem Bus mit Geschlechtertrennung als Mann neben eine Frau, wäre das eine grobe Unhöflichkeit. Ein Inder würde dafür vielleicht eine Zurechtweisung erhalten, einem dem Augenschein nach Fremden gegenüber reagiert eine Frau meistens, indem sie wort- und blicklos aufsteht und sich einen anderen Platz sucht – mit einem entsprechenden Groll gegen den ungehobelten Ausländer. Als Frau darf man es in einem solchen Bus als Affront verstehen, wenn sich ein Mann auf dem Platz neben einem breitmacht, und kann sich der Solidarität der Mitreisenden normalerweise sicher sein, wenn man sich darüber beschwert.

Kamelkarren und Blechlawinen

Schnurgerade zieht sich der Asphaltstreifen durch die Landschaft. Ich habe einen hervorragenden Blick auf die Straße, denn ich sitze ganz links vorne, direkt hinter der Windschutzscheibe. Mein Platz ist ein Brett über dem Radkasten an der Fensterseite, und wenn ich die Füße ausstrecken könnte, würden sie auf den Motorblock treffen, der mich vom Fahrer trennt. Im Fußraum liegt aber schon mein Rucksack.

Eigentlich wäre es mir lieber gewesen, weiter hinten zu sitzen. Der Mann, der an der Tür gleich hinter mir steht, hat mich und das Ungetüm auf meinem Rücken angesehen und mich schnell nach vorne verwiesen. Logisch, denn dieser Bus hat keinen Gepäckraum im unteren Teil der Karosserie, und in die Ablagefächer über den Sitzreihen passen nur schmale Taschen.

Aber dafür habe ich einen Logenplatz – oder ist es eine Bühne? Eine Busfahrt kann in Indien sehr lange dauern, und die Landschaft zwischen Bikaner und Jaisalmer in Rajasthan ist ziemlich eintönig. Da ist ein Westler mit zu viel Gepäck und einem orangefarbenen Turban auf dem Kopf einen Blick wert. Mit großer Neugier betrachten mich die Passagiere von ihren engen Sitzbänken aus, als ich einsteige. Das ist ja ganz schön, und mit Freuden würde ich alle Fragen, die mir der Busfahrer stellt, beantworten. Geht leider nicht, da ich sie kaum verstehen kann. Die Klappe zum Motorblock zwischen uns ist offen, und die Maschine dieselt lauter, als er schreien kann. Immerhin begreife ich, dass ich meinen Rucksack nicht darauf legen soll – „bahut garam", sehr warm. Deswegen also der unverstellte Blick in den Motor: Luftkühlung! Solchen andauernden Provisorien, vor allem wenn die Vehikel vom örtlichen Mechaniker so zusammengeschweißt sind wie dieses hier, begegnet man häufig. Ein Zugeständnis an fehlende Ersatzteile oder neue Maschinen, mit denen die normale Kühlung vielleicht ausreichen würde, und auch eines an das Klima im Bus: Es ist Mitte April, die Sonne brennt, und die weit geöffneten Fenster erzeugen nur eine Illusion von Kühle. Vielleicht würde es etwas helfen, die Motorabwärme nicht ins Innere des Busses zu führen, indem man die Klappe schließt. Mensch und Tier an Bord – hinten, auf der Rückbank, fahren ein paar Hühner in einem kleinen Käfig mit – nehmen die Extraheizung aber mit Gleichmut in Kauf. Alle Passagiere und der Busfahrer sind sich einig, dass das Wichtigste an einem Bus ist, dass er rollt. Immer noch besser, in einem fahrenden Backofen zu sitzen und sich über den Fahrtwind zu freuen, als bei einer Panne durch Überhitzung in der Sonne am Straßenrand zu stehen und zu warten, bis sich die streikende Maschine wieder abgekühlt hat.

Busfahren in Indien ist aber auch in kälteren Jahreszeiten laut. Bei Fahrten in einfachen Überlandbussen wie diesem ist es eine gute Idee, Ohrstöpsel einzupacken. Die braucht man wegen des Motors und des ständigen Hupens. Bei den Deluxe-Coaches, die meist von privaten Transportunternehmen angeboten werden, kommt eine weitere Lärmquelle hinzu: Fernseher mit dröhnender Hindi-Musik.

Ich nestele meine Wachspfropfen aus der Tasche und stopfe sie mir vor die Trommelfelle. Dröhnen und Hupen reduzieren sich auf Zimmerlautstärke. Konsequent wäre es, nun noch eine Augenbinde über das Gesicht zu legen, denn nicht alles, was ich sehe, ist unbedingt erfreulich. Vor allem nicht der Blick auf die Straße, den ich unverstellt genießen darf. Viele Pisten des indischen Straßennetzes sind sehr einfach gebaut: Geteert ist nur ein drei oder vier Meter breiter Streifen in der Mitte der Straße, rechts und links ist Sand. Schlaglöcher gibt es an den Rändern noch mehr als im Asphalt, und jeder, der so eine Straße benutzt, will möglichst lange auf dem geteerten Bereich bleiben. Entsprechend spät weichen sich zwei Fahrzeuge aus, wenn sie einander entgegenkommen. Wer wem ausweicht, ist klar geregelt: Der Kleinere dem Größeren. Kein Problem also, wenn ein kleines Auto einem großen Bus begegnet. Aber wenn ein solcher Bus einem kleinen Laster entgegenkommt, treffen die Fahrer oft erst dann ihre Entscheidung, wenn sie das Weiße in den Augen des Kollegen erkennen. Andere Faktoren – die Höhe der Kante am Übergang von Asphalt und Sand, am Rand spielende Kinder und wartende Kühe, Zustand von Bremsen, Reifen und Stoßdämpfern – beeinflussen die Entscheidung der Fahrer außerdem. Es bleibt also eine spannende Fahrt, und als es einmal richtig knapp wird, ruft der Fahrer, während er heftig am Lenkrad kurbelt, „Badmaash!" – was in etwa dem entspricht, was an deutschen Lenkrädern in vergleichbarer Situation gesagt würde.

Ganz ungefährlich ist Reisen auf Indiens Straßen nicht. 2008 soll es auf dem Subkontinent 100 000 Tote im Straßenverkehr gegeben haben – damit gehört Indien zu den traurigen Spitzenreitern in der Welt. Der augenfälligste Grund ist der schlechte Zustand der Straßen. Darüber hinaus sind immer mehr Vierräder unterwegs, es gibt es keine Verpflichtung zu einer technischen Überprüfung von Fahrzeugen, und auch Fahrschulunterricht ist etwas Exotisches – wer einen Führerschein will, dessen größte Sorge ist die Bürokratie, die zweitgrößte die fälligen Gebühren. Die Folgen sind regelmäßig am Straßenrand zu sehen: Laster, die Räder zum Himmel gerichtet, die das Gefälle am Straßenrand und Überladung umstürzen ließ. Wenn die Besatzung es überlebt hat, wird

so ein Laster mit ein paar Seilen und einer Zugmaschine wieder auf die Reifen gestellt und, wenn alles
in Ordnung scheint, die Reise fortgesetzt. Bei Total-
schäden bleiben die Wracks am Straßenrand liegen,
bis ein Schrotthändler die Reste abholt.
Wirklich unsicher fühle ich mich aber nicht. Der Busfahrer wirkt gar nicht lebensmüde, und außerdem
sitzt Ganesha, der Elefantengott, genau in der Mitte der Fensterablage, über dem Motorblock. Er ist einer der populärsten Götter im Himmel der Hindus,
ein Glücksbringer, Spaßmacher, einer, der das Leben
liebt – was soll da also schief gehen?

Autofahrer, die an die allgemeine Bekanntheit von
Straßenverkehrsregeln, deren Befolgung und so
schöne Erfindungen wie Fahrbahnmarkierungen
oder Ampelschaltungen gewohnt sind, sollten sich
überlegen, ob es lohnt, sich in Indien selbst ans
Steuer zu setzen. Ich bin der Überzeugung, dass es
das Risiko nicht lohnt. Das geringste Problem ist
der Linksverkehr – die Gewöhnung an diesen ge-
lingt mir schneller als die Umstellung auf Rechtsver-
kehr nach meiner Rückkehr nach Deutschland. Viel
schwieriger ist es, sich an Gepflogenheiten und Gesten im Verkehr zu gewöhnen. Und wenn einmal
ein Unfall passiert, liegt es nahe, die Schuld in jedem
Fall dem hellhäutigen Ausländer am Steuer aufzu-
laden. Immer wieder hört man von Reisenden, die
ernste Probleme nach Unfällen hatten – umso mehr,
wenn dabei Menschen verletzt wurden. Von der Polizei um eine quittungsfreie Bearbeitungsgebühr erleichtert zu werden, gehört dann zu den kleineren
Malheuren. Stattdessen bin ich immer gut damit gefahren, mich fahren zu lassen – sei es mit der Bahn[1],

---

1   Siehe Kapitel „Die Zeit läuft anders auf Bahnsteig B".

in Bussen oder in einem Auto mit Chauffeur. Letzteres mag nach Luxus klingen, ist aber nicht nur aus Gründen der Sicherheit vernünftig: In einem Land ohne Straßennamen, ohne Schilderwälder und mit einer Vielzahl von Sprachen ist ein Fahrer mit ein wenig Ortskenntnis einfach notwendig.

Auch die Lastwagenfahrer in Indien sind sich der Gefahren ihres Berufs bewusst. Auch deshalb verzieren sie ihre Fahrzeuge. Bunt muss es sein! Geschwungene Zeichen, die auf dem Kühler, über der Windschutzscheibe oder am Heck aufgemalt sind, sollen dem Fahrer oder dem Besitzer der Trucks die Hilfe eines bevorzugten Gottes sichern. Glück bringende Svastikas[2], das Om-Zeichen, gegebenenfalls Shiva-Dreizacke, Dämonengesichter mit aufgeblasenen Backen und Flügel unterstützen dieses Ansinnen. Der Fahrer eines solchen Fahrzeugs ist mit hoher Wahrscheinlichkeit Hindu – in Kerala trifft man auch auf christliche Versionen, in Nordindien auf muslimische Varianten, die dann mit Kreuzen beziehungsweise arabischer Schrift verziert sind. Brummis mit vedischem Schutz sind allerdings am häufigsten vertreten. Eine ausführliche Puja, ein durch einen Brahmanen vorgenommener Opfer- und Segnungsvorgang, wird in der Regel nach dem Kauf eines Fahrzeugs durchge-

---

2 Svastikas sind Kreuze mit angewinkelten oder gebogenen Enden, in Indien oft durch Punkte ergänzt. Das Zeichen sieht dem Hakenkreuz der Nationalsozialisten sehr ähnlich. Doch in Indien gebraucht man es nicht als Symbol einer menschenverachtenden Ideologie, sondern entweder als jahrtausendealten Glücksbringer (Haken meist nach rechts gerichtet) oder als Zeichen der Göttin Kali (nach links gerichtete Haken). Es ziert viele Gegenstände – vom Blumentopf bis zum Autobus.

führt – und in etwas kleinerer Form vor Reiseantritt wiederholt. Mitteleuropäische Agnostiker mögen das belächeln. Aber vielleicht würden die Unfallraten in Europa sinken, wenn jeder Fahrer, bevor er sich an das Steuer setzt, erst für einen Moment in sich ginge, und das Endliche seiner selbst und die Chancen einer Wiedergeburt überdächte?

Mit ein bisschen Farbe ist es bei vielen Lastern nicht getan: Chromglitzernde Gitter zieren das Äußere der Fahrerkabine, Gestänge bieten Lametta in allen Farben Halt, und die Hupe ist oft nicht nur laut, sondern spielt ganze Tonfolgen, gerne auch ein paar Takte eines bekannten Liedes. Die bei uns oft verwendeten Lichtorgeln und Leuchtschriften sind hingegen weniger verbreitet: Nachts fahren Lastwagenfahrer ungern – man sieht die Schlaglöcher nicht – und tagsüber ist es zu hell, als dass eine Leuchtdiode bemerkt werden würde. Am Rand indischer Fernstraßen sieht man immer wieder Stände, die die dringend benötigte Zusatzausrüstung anbieten. Besonders beliebt: schwarze Bommelketten, die an die Außenspiegel gehängt werden. Nähert man sich einem so ausgestatteten Ungetüm, sieht man die Bewegung der Bommel durch den Fahrtwind, lange bevor die Bewegung des Lasters selbst sichtbar ist. Bei der Annäherung von hinten kommt noch ein weiterer Effekt hinzu: Die pendelnden Bommel täuschen die Auf- und Abbewegung eines Arms vor. Sie imitieren dabei die Zeichen der Besatzung eines Fahrzeugs, die auf diese Weise vor Gegenverkehr warnt – nicht zu Verwechseln mit einem ausgestreckten Arm, der den Blinker ersetzt und einen Richtungswechsel signalisiert. Blinklichter haben die Laster auch, aber niemand würde auf die Idee kommen, damit irgendetwas auf den Verkehr Bezogenes anzuzeigen.

Mit dem Überholen von Lastern ist es so eine Sache. Vor einem Überholvorgang ist es zu empfehlen, laut und vernehmlich zu hupen – und jedes Brummiheck, das etwas auf sich hält, ist mit einem entsprechenden Hinweis in lateinischer Schrift versehen: „Horn Please!", genauso wie mit der Erinnerung „Stop!", die Linksüberholer bremsen soll. „Ich überhole einen Laster erst, wenn ich den Beifahrer winken sehe", erklärte mir Maheesh, mein Fahrer. – „Und wenn er nicht winkt?", fragte ich zurück. „Dann hupe ich noch mal und warte auf ein Signal." Ich bin Maheesh in vielen Situationen für diese Genügsamkeit dankbar gewesen. Schlechte Sicht – der Straßenstaub, die Dämmerung, der Regen – macht Überholen gefährlich, oder die erwähnten Bommel werden mit einem Wink verwechselt. Bei Lastern, die so überladen sind, dass die Fahrerkabine von hinten nicht mehr zu sehen ist, kann man ein Handzeichen kaum erkennen. Eindrucksvolle Ausmaße erreichen die Transporte von gehäckseltem Tierfutter. Das ist zwar recht leicht, wird aber so auf die Ladefläche gepackt, dass der Laster gut das Doppelte seiner eigentlichen Breite einnimmt. Da die meisten Zugmaschinen deutlich untermotorisiert sind, fahren sie sehr langsam; bergan sind 40 Stundenkilometer flott. Ein Reisebus, der selbst kaum beschleunigen kann, hat auf einer engen, kurvigen Straße kaum eine Möglichkeit zu überholen. Aber auch in einem schnellen Auto ist es in so einer Situation besser, wenn der Fahrer über eine Eigenschaft verfügt, die auch Maheesh glücklicherweise auszeichnet: Geduld. Indische Könige der Straße haben ein Herz für die, die ihnen hinterherhupen.

Für kürzere Distanzen werden neben Ochsenkarren auch Tuk-Tuks verwendet. Letztere sind Dreiräder, die als Zugmaschine einen Zweitaktmotor eingebaut haben – von dessen Klang die Fahrzeuge ihren Namen haben. Eigentlich sind es Motorroller mit Fahrerkabine und Ladefläche – zu erkennen nicht zuletzt daran, dass der Fahrer statt mit einem Lenkrad mit einer Lenkstange steuert. Größere Versionen haben stärkere Motorradmotoren. Als Lastentransporter sind es echte Arbeitstiere, besonders häufig ist aber die Verwendung als Taxis, die dann statt mit einer Transportfläche mit einer Kabine ausgestattet sind und in Schwarzgelb, die Erdgastypen von Delhi in Grüngelb gehalten sind. Die kleine Version ist mit zwei Sitzplätzen auf einer Rückbank ausgestattet, mit gutem Willen und ohne einzuatmen passen aber auch sechs Personen hinein. Große Motorrad-Rikschas, die aber selten in Großstädten benutzt werden, bieten so viel oder so wenig Raum wie Kleinbusse. Beide sind sehr günstige Fortbewegungsmittel, die in fast jede Gasse hinein- und wieder hinausfahren können. Denn die kleinen Auto-Rikschas sind dabei sehr wendig – zur Not steigt der Fahrer aus und dreht sein Gefährt mitsamt seinen Passagieren auf der Stelle in die entgegengesetzte Richtung. Eine Fahrt von mehr als zehn Kilometern mit einem Tuk-Tuk anzutreten, sollte man aber reiflich überdenken. Die Kisten schütteln ihre Passagiere heftig durch, und da die meisten Modelle zu den Seiten hin offen sind, kommt auch eine Menge Straßenstaub in die Kabine.

Die unsicheren Straßenverhältnisse sind inzwischen als Problem erkannt – nicht zuletzt weil die vielen Unfälle auch eine volkswirtschaftliche Katastrophe bedeuten. Seit der Jahrtausendwende steckt die indische Regierung viel Geld in den Straßenbau. Bis zum Jahrtausendwechsel gab es nur wenige Strecken, auf denen die Superreichen des Landes ihre in Pune

produzierten Karossen mit Stern auf dem Kühler ausprobieren konnten. So war die Agra-Delhi-Straße für ihre Geschwindigkeit berüchtigt. Bis zu 100 Stundenkilometer erkannten besorgte Tagesausflügler aus Delhi auf den Tachos ihrer Agra-Busse! Das „Golden Quadrilateral", eine Kette von Autobahnen, die die Städte Neu-Delhi, Madras, Bombay und Kalkutta in einem transkontinentalen Viereck verbindet, ist das größte Projekt. Seine Straßen sind mehrspurig, die Fahrtrichtungen sind durch einen Mittelstreifen getrennt. Auf den Highways sind hohe Geschwindigkeiten technisch kein Problem – für Mutige. Denn im Unterschied zu deutschen Autobahnen ist die Benutzung nicht auf schnelle Fahrzeuge beschränkt: Kühe, Schafherden, Ochsen- und Kamelkarren teilen sich die Piste mit motorisierten Vier-, Drei- und Zweirädern. Außerdem führen die Highways durch Ortschaften – deren Einwohner, wenn sie auf die andere Straßenseite möchten, die Autobahn queren müssen.
Die Nord-Süd-Verbindung zwischen Neu-Delhi und Bombay ist einer der ersten fertig gebauten Abschnitte des „Golden Quadrilaterals" – das verkündet stolz die National Highways Authority of India (NHAI), das indische Straßenbauamt. Ausgerechnet in einem der Bundesstaaten, die besonders von Landwirtschaft geprägt sind, gibt es nun eine Hochgeschwindigkeitsverbindung, die wenigstens für indische Verhältnisse ihren Namen verdient. Ein zweites großes Bauprojekt sind die sich kreuzenden Nord-Süd- und Ost-West-Achsen, die den Subkontinent der Länge und Breite nach durchlaufen. Bei einem Besuch in Rajasthan im Jahr 2008 wurde an der Ost-West-Strecke zwischen Mount Abu und Kota noch angestrengt ausgebaut. Die Vorgehensweise der Straßenbauer kann man konsequent nennen: Führte die Straße bislang über einen

Berg oder um ihn herum, verläuft nun eine Schlucht durch diesen hindurch, mit steilen Felswänden zur Linken und Rechten der Fahrbahn. Einen erschütternden Eindruck machten Ortschaften, in denen die Bagger noch nicht gewesen waren: Die Häuser am Rand der bisherigen Straße, schon ganz von Staub bedeckt, waren mit großen aufgesprühten Linien markiert, damit die Abrisskolonne wusste, wo sie tätig werden sollte. In Orten, durch die sie bereits gekommen war, standen manche Häuser halbiert an der neuen Trasse.

Die NHAI rechtfertigt ihr Vorgehen damit, dass solche Gebäude ohne Genehmigung gebaut worden seien, und erhielt von den Gerichten der jeweiligen Bundesstaaten Rückendeckung. Leidenschaftlich werden die Reaktionen der Anwohner, wenn auch Tempel mit Markierfarben besprüht werden. In Rajasthan wurde ein Ingenieur der Baubehörde, während er den Abriss eines Heiligtums beaufsichtigte, von einem Fahrer in einem Hindustan Ambassador vor laufender Kamera eines Fernsehteams überrollt. Keiner der Zeugen – das ganze Dorf hatte die Bulldozer beobachtet – konnte sich an das Aussehen des Mannes am Steuer erinnern.

Die Wut der Anwohner ist nachvollziehbar, denn Korruption ist ganz offensichtlich ein großes Problem des Megaprojekts. Als beispielhaft kann der Fall von Satyendra K. Dubey, Projektmanager der NHAI in Bihar, gelten. Dubey hatte aufgedeckt, dass die bei einem großen Bauabschnitt beauftragten Firmen und Mittelsmänner Dutzende *Crore*[3] Rupien, also mehrere Millionen Euro unterschlagen hatten. Zudem ließen sie die Arbeit von unqualifizierten Subunternehmern erledigen, was ihnen ei-

---

3   Crore: indisches Zahlwort für „zehn Millionen".

gentlich verboten war. Dubey machte seine Chefs auf die Zustände aufmerksam – ohne dass diese etwas änderten. Also wendete sich Dubey an den damaligen Premierminister Atal Bihari Vajpayee. Bald darauf fand sich der Ingenieur auf einem ziemlich verlorenen Posten in dem Provinznest Gaya wieder, wenige Monate später, Ende 2003, wurde er erschossen – was die Aufmerksamkeit der indischen Presse auf den Fall zog. Der Mord sollte der Ursprung für neue Rätsel sein: Der Mann, der Satyendra Dubey vermutlich umbrachte, konnte aus der Gefangenschaft fliehen und wird immer noch gesucht, zwei weitere Verdächtige starben in der Untersuchungshaft an einer Vergiftung. Deren Angehörige verdächtigen die Polizei, die Gefangenen getötet zu haben – die Behörden stellen die Vergiftung als Doppelsuizid dar. Die Auftraggeber des Mordes an Dubey bleiben bis heute im Dunkeln. Eines haben Nachforschungen von Presse und nationalen Behörden aber bewiesen: Dubeys Enthüllungen stimmten.

Bihar ist ein Bundesstaat Indiens, der besonders mit Überbevölkerung und Naturkatastrophen zu kämpfen hat – das macht den Kampf gegen Korruption nicht einfach. Auch ist die Verbindung weiter Kreise der Politik mit der organisierten Kriminalität in diesem Landesteil ein offenes Geheimnis. In Bihar angesiedelte Skandale und Korruptionsaffären sind also nichts Außergewöhnliches. Im Umkehrschluss heißt das zwar, dass nicht jede neue Straße in Indien im Schatten von Korruption entsteht, denn nicht überall geht es wie in Bihar zu. Doch das Beispiel des Dubey-Falls steht exemplarisch für die Probleme Indiens auf seinem Weg zu einer modernen Industrienation – und dafür, mit welchem Leid diese Anstrengungen für die Bevölkerung verbunden sein können. Denn die Menschen sind es, die am Ende bezahlen – sei es direkt mit ihrem Grund und ihren Häusern, die sie am Rande der Straßen besaßen, sei es durch ihre Steuern, die im Korruptionssumpf versickern.

Die Sicherheit im indischen Straßenverkehr ist durch die neuen Autobahnen nicht unbedingt gestiegen: Obwohl der Autobahnenverbund, der auf Straßenkarten wie eine riesige, den Subkontinent umspannende Raute aussieht, gerade einmal einen Anteil von zwei Prozent am indischen Straßennetz hat, sollen 2008 ein Drittel der tödlichen Verkehrsunfälle des Landes auf diesen Rennstrecken geschehen sein. 2010 nähert sich das „Golden Quadrilateral" seiner Vollendung – und die NHAI kündigt an, die Abschnitte, die bislang vierspurig sind, auf sechs Spuren ausbauen zu wollen.

Die meisten Straßen in Indien bleiben einspurige Pisten. Eine Fahrt in einem Überlandbus mit einer vom Buseigner selbst genieteten Karosserie, wie dem nach Jaisalmer, vermittelt deutlich, was schlechte Straßen für die körpereigene Polsterung bedeuten. Je näher man an einer der Achsen sitzt, umso stärker spürt man jedes Schlagloch.

Mit Autos fährt es sich sehr viel bequemer. In Deutschland freue ich mich über Fahrzeuge, die wenig Benzin verbrauchen und eine schöne Farbe haben – rollen können sie alle. Auf Indienreisen werde ich wählerisch – es muss bequem sein, eine Klimaanlage ist für Langstrecken wichtig.

Die Urform des Individualverkehrs in Indien verkörpert das Auto, „das Indien gebaut hat" – so behauptet es zumindest ein alter Werbespruch. Es verhält sich ein bisschen wie der Käfer mit West-, der Trabbi mit Ostdeutschland oder die Ente mit Frankreich. Denn auch Indien hat ein Modell, das jahrzehntelang die

Straßen prägte: den Ambassador von Hindustan Motors – wenn dies auch kein Auto für jeden war und ist, sondern als Statussymbol gilt. Nur wirklich selten wird die rundliche Blechkiste wie im Fall des Straßenbauingenieurs als Mordwerkzeug missbraucht. Generationen von Indern haben das Fahrzeug als mehr oder weniger zuverlässigen und belastbaren Alleskönner lieben gelernt. Das mag dazu beitragen, dass das Auto inzwischen all den anderen Nationen-Kübeln etwas voraus hat: Obwohl seine erste Version 1959 erschien, läuft und läuft und läuft der Ambassador bis heute.

Der Ambassador geht auf ein englisches Auto aus den späten Fünfzigerjahren zurück, den Morris Oxford III – nach Produktionsende in Großbritannien wurde die Fabrik nach Bengalen verfrachtet. So kann man auch jetzt noch in einem Gefährt mit Miss-Marple-Charme seine eigene Passage durch Indien finden. Das Vehikel sieht wie eine Requisite aus einem alten Schwarz-Weiß-Streifen aus. Mit seinen zwei runden Scheinwerfern und einem großen lachenden Kühlergrill, gekrönt von einer gewölbten Motorhaube, hat das Auto ein sehr freundliches „Gesicht". Als ich ihn zum ersten Mal sah, träumte ich des sympathischen Anblicks wegen sofort davon, mit ihm von Indien nach Europa auf dem Landweg zurückzufahren. Rechtssteuerung hin, völlige technische Unkenntnis in mechanischen Fragen meinerseits her. Daraus wurde zum Glück nichts. Denn es ist überall in Indien möglich, Ersatzteile zu bekommen – nicht aber außerhalb des Landes. Mag die Konstruktion robust und auf indische Schlaglöcher spezialisiert sein, für wartungsfreie Interkontinentalreisen ist sie nicht gedacht. Da hilft es auch nicht, dass der Ambassador seit seiner Markteinführung einige Veränderungen erfahren hat. Der Motor wurde ein paar Mal überarbeitet, es gibt ihn ab Werk auch mit Erdgasantrieb, Klimaanlage und – nicht immer selbstverständlich – Seitenspiegeln. Inzwischen rollen aufgepeppte Versionen mit stromlinienförmigen Scheinwerfern vom Band – doch die sind selten zu sehen.

Trotzdem hat man als Indienbesucher gute Chancen, irgendwann in einem Ambassador zu sitzen. Denn als Taxi und als „Tourist Car" sind sie nach wie vor beliebt. Touristenfahrzeuge, nicht nur vom Typ Ambassador, sind an ihrem gelben Nummernschild und einer speziellen weißen Lackierung mit blauem Streifen zu erkennen, oft mit der Aufschrift „All India permit" oder „National permit". Das bedeutet, dass damit Touren mit Reisenden in allen Bundesstaaten erlaubt sind – und für Versicherung und Gebühren besondere Sätze gelten. Ähnliche Regelungen gibt es auch für den Lastverkehr. Eine andere, noch auffälligere Art der Verwendung sind Fahrzeuge der indischen Regierung. Der schneeweiße Lack ist vom Fahrer blank poliert, die Fenster hinten lassen sich durch Vorhänge abschirmen oder haben stark getönte Scheiben. Lässt sich ein mehr oder weniger wichtiger Amtsinhaber darin transportieren, sind sie zudem mit einem aufstellbaren Fähnchen an der Kühlerhaube versehen, kleinen roten Lämpchen vorne und – ganz wichtig – mit einem roten Warnlicht auf dem Dach.

Auf Kurzstrecken überwiegt der Charme eines Autos, in dem man zumindest nach oben hin Platz hat. Wenn man länger darin sitzt, vergisst man aber schnell das außergewöhnliche Äußere. Für Passagiere auf der Rückbank – also da, wo man als Tourist meistens sitzt, wenn man nicht gerade allein reist und vorne mitfährt – ist nicht viel Raum für die Beine. Bei zwanzig Jahre alten Modellen im Privatbesitz und Taxis sind die Polster oft dermaßen durchgesessen, dass ich lieber im Stehen gefahren wäre. Auf Langstrecken oder mehrtägigen Reisen ist so ein Ambassador doch sehr laut – auch wenn es sich um ein neueres, gut gepflegtes Tourist Car handelt. Mein Traum von der selbst gesteuerten Überlandreise zerstob übrigens in dem Moment, in dem ich einen Fahrer mit der Lenkradschaltung in den Gängen stochern sah, und auch die inzwischen eingeführte Kupplung zwischen den Sitzen ist etwas für Menschen mit einem Hang fürs Archaische.

Der Anteil von Ambassadors auf der Straße nimmt ganz offensichtlich ab – sei es, weil jedes Jahr nur noch rund 15 000 neue Exemplare produziert werden, oder weil inzwischen viel mehr Unternehmen als früher ihre Autos in Indien verkaufen. Die haben mehr technische Finessen, und sind dabei oft billiger. Trotz des Alters der Modellreihe ist der Ambassador kein Schnäppchen: Für ein neues Fahrzeug muss man schon rund eine halbe Million Rupien – rund 7 500 Euro – im Autohaus lassen. Viel Geld für ein Auto indischer Herstellung.

Trotz all dieser Mängel blieb der Ambassador über ein halbes Jahrhundert hinweg dominant auf Indiens Straßen. Das hängt mit der restriktiven Wirtschaftspolitik zusammen, die der indische Staat erst seit den Achtzigerjahren zu lockern begann. Autos durfte nur bauen, wer vom Staat dazu eine Lizenz erhalten hatte. Ausländischen Unternehmen war es bis dahin ganz unmöglich, eigene Fabriken in Indien zu errichten, die Regierung sah darin ihren Einfluss auf die Industrie bedroht – zu frisch war die Erinnerung an die wirtschaftliche Ausbeutung und Bevormundung durch die Kolonialmächte. Das Rennen um ein Joint Venture, für das der indische Staat einen Partner suchte, machten 1983 die Japaner. Die Kleinwagen der Marke Maruti Suzuki prägen seitdem das Straßenbild. Gegen diese Blechkisten wirkt ein Polo wie eine Limousine: Die Räder eines weit verbreiteten Modells haben den Durchmesser einer Langspielplatte. Außerdem gibt es winzige Busse, in die überraschende Mengen von Menschen gestopft werden können. Der Marktvorsprung der Japaner in Indien war Volkswagen eine Milliardensumme wert, mit der sich die Wolfsburger im Dezember 2009 bei Suzuki einkauften. Damit wollen die deutschen Autobauer, die den Einstieg in den indischen Massenmarkt bisher verschliefen, wenigstens etwas aufholen. Die internationale Konkurrenz und der Wille der Firmen, Fahrzeuge anzubieten, die einfach ausgestattet sind, führt zu einem Preiswettkampf – und zu immer mehr Privatautos auf Indiens Straßen. Die über die Grenzen des Landes hinaus bekannt gewordene Neuerung ist der Tata Nano, ein Kleinstwagen für weniger als 130 000 Rupien, also nicht einmal 2 000 Euro. Aber auch eine Reihe anderer Firmen, die meisten aus Asien, planen, ähnlich günstige Autos auf den indischen Markt zu bringen. Der Großteil der indischen Bevölkerung kann sich so eine Investition zwar nie im Leben leisten, aber in einem Volk von über einer Milliarde stellen auch Minderheiten in absoluten Zahlen sehr, sehr viele Menschen. So ist zu erwarten, dass sich in den nächsten Jahren die Zahl von Privatautos in Indien deutlich erhöhen wird.

Nicht alle Inder sehen das positiv. Schon jetzt leiden indische Städte unter Verstopfung sowie lärm- und abgasbedingter Umweltverschmutzung: Die Altstädte sind nicht für motorisierte Blechlawinen eingerichtet, denn die Straßen sind verwinkelt und eng. Eine Fahrt durch Neu-Delhi, die in den frühen Morgenstunden eine Stunde dauert, kann zu Hauptverkehrszeit gut die dreifache Zeit beanspruchen.

Abgesehen von Riesenstädten wie Bombay und Neu-Delhi, wo große Kampagnen die Umsiedlung von Kühen vorantrieben, ist es auch normal, dass eine Straße durch solche Tiere verkehrsberuhigt wird. Allerdings bleibt der Gesetzgeber nicht untätig: Schon vor Jahren sorgten in der Hauptstadt Neu-Delhi, das sich bis zur Jahrtausendwende mit Mexiko-City den Titel der Metropole mit der stärksten Luftverschmutzung teilte, für spürbare Verbesserungen: Alle Autorikschas und Busse fahren heute mit dem etwas verschmutzungsärmeren Erdgas, verarbeitende Industrie mit hoher Luftverschmutzung wurde im Stadtzentrum verboten. 2010 treten strengere Abgasvorschriften für elf Großstädte in Kraft, die bis 2015 auf das ganze Land ausgeweitet werden sollen.

Sammelställe für Kühe vor den Stadttoren, mehr Straßenbau, Abgasverordnungen – ob solche Regelungen Indien vor dem Verkehrs- und Umweltinfarkt retten können, ist unsicher. Allerdings trifft die Behauptung, dass der Kampf um eine günstige Kohlendioxid-Bilanz unseres Planeten endgültig verloren ist, wenn jeder, der es sich leisten kann, einen Nano fährt, in Indien auf großes Unverständnis. Nicht ganz unberechtigt, wenn das Argument von Leuten hervorgebracht wird, die aus einem vollindustrialisierten Land kommen und für den Flug zum Subkontinent mehr Kohlendioxid in die Atmosphäre blasen, als ein indischer Bürger durchschnittlich in einem Jahr produziert.[4]

---

4   2006 erzeugten die Einwohner Indiens nach Informationen der Vereinten Nationen pro Person durchschnittlich 1,31 Tonnen Kohlendioxid, ein Wert, der mit jedem Jahr steigt. Für einen Economy-Passagier eines einfachen Flugs von Deutschland nach Bombay rechnet das Bayerische Landesamt für Umwelt mit dem Ausstoß von 2 Tonnen Kohlendioxid.

Essen wie die Götter in Indien

Es war das Ende eines schönen Tages. Nach einer ermüdenden, aber auch ergiebigen Recherche in einem verstaubten Archiv der Church of South India hatte ich Hunger. Auf dem Rückweg kam ich an einem Straßenstand vorbei, der geröstete Bananen anbot: Ein junger Inder spießte die geschälten Früchte auf Hölzchen auf und drehte sie auf einem Rost, bis sie schön rotbraun gegrillt waren. Ich sah, kaufte, biss herzhaft zu – und verstand: Rotbraun waren die Bananen nicht des Grillens wegen. Sondern wegen der Chilisoße, mit der sie bestrichen waren. Es muss sehr komisch ausgesehen haben, wie ich würgend über die Straße tanzte.

Als ich wieder aufgehört hatte zu weinen, kaufte ich ein paar Salzbiskuits bei dem Bananenfolterer – „not spicy", versicherte ich mich diesmal vorher bei ihm. Eigentlich eine Ermahnung, die ich sonst nicht gerne bei Bestellungen anfüge – es gibt verschiedene Schärfegrade, und die nicht ganz so intensiven kann man auch als Mitteleuropäer recht gut verkraften. Zwei andere seiner Kunden kauten derweil genüsslich an ihren Bananen, während sich auf ihrer Stirn Schweißperlen bildeten. „Wie könnt ihr das nur essen?", frage ich. „Oh, stimmt, das ist sehr scharf. Eigentlich sogar viel zu scharf. Nein, das ist gar nicht gesund", antwortete einer mit einem glücklichen Glänzen in den Augen – oder war es das Chili, das ihm Tränen in die Augen trieb? „Ab und zu mögen wir es etwas schärfer", pflichtet ihm der andere bei, „without spicy it's boring"[1], und wischte sich die Hand mit einer

---

1   Without spicy it's boring: „Wenn's nicht scharf ist, langweilt's." Indglish, indisiertes Englisch, ist eine eigenwillige Sprachvariante, der man ständig begegnet. Aussprache, Grammatik und Wortschöpfungen sind abhängig von der Fantasie und dem Selbstbewusstsein ihrer Benutzer.

Papierserviette ab. Ein Flächenbrand auf der Zunge als Mittel gegen Langeweile: Für viele Inder ist Essen sehr viel mehr als nur Nahrungsaufnahme, es ist auch Freizeitbeschäftigung, Objekt nationaler Identifikation und soziales Ereignis. Welchen Stellenwert der gewohnte Speiseplan für Inder hat, zeigen Erfahrungen mit indischen Reisegruppen in Europa: Da geben die meisten dem indischen Essen den Vorzug gegenüber dem westlichen Essen. Einige Schweizer Hotels, die inzwischen erkannt haben, dass mit den Gästen vom Subkontinent ein lohnendes Geschäft[2] zu machen ist, fliegen sogar indische Köche ein – angeblich packen viele Inder sonst den Spirituskocher aus dem Koffer und bereiten sich auf dem Zimmer selbst ihr Curry zu.

Ob die Geschichte stimmt, lässt sich schwer nachprüfen, denkbar ist sie allemal. Zwar braucht man nicht für jeden Bissen nach indischem Rezept einen speziellen Brandschutz, doch der Einsatz von vielen verschiedenen Gewürzen ist typisch für die indische Küche. Die Vielfalt der Geschmacksnoten ihrer Speisen ist geradezu unendlich – und so ist es verständlich, dass viele Inder unser Essen vielleicht gerne anschauen, sich beim Probieren aber nach der Heimat sehnen: „Without spicy it's boring".

Es gibt nicht nur die „eine" indische Küche, sondern mehrere: Die Ströme von Eroberern, Handelnden und Einwanderern, die Indien über die Jahrhunderte erlebte, hinterließen kulinarische Spuren. Auch klimatische und geografische Unterschiede der Landesteile verleihen den regionalen Küchen eigenen Charakter. Im Norden erinnert die Mughlai-Küche mit Lammgerichten wie Seekh-Kebab und mit viel Joghurt und

---

2   Siehe Kapitel „Vier Stunden, zwei Pausen, eine andere Welt".

Rahm cremig zubereitetem Geflügel an die Zeit der is-
lamischen Herrscher der frühen Neuzeit, die Moguln.
Bengalen und die Küsten Orissas im Osten bieten
Fischspezialitäten, Kalkutta ist außerdem die Heimat
von süßen Desserts wie *Gulab Jamun,* aus Milchpulver
hergestellte Bällchen, die in Zuckersirup getaucht werden und so süß schmecken, dass man davon Zahn-
schmerzen bekommt. Kerala ist wie Tamil Nadu wegen
der vielen Strände ebenfalls ein für seine Fischgerichte
bekannter Staat. Die Kokospalmen, die hier wachsen,
liefern Öl, das *Ghee* ersetzt – geklärte Butter, die vor
allem im Norden als Kochfett verwendet wird. Kokos-
produkte geben vielen Gerichten eine süßliche Note.
Zugleich ist in der südlichen Küche die Verwendung
von Chili typisch. Die Portugiesen, die im sechzehn-
ten Jahrhundert die Schoten aus Mittelamerika nach
Indien brachten, hatten herausgefunden, dass sich die
profitablen Scharfmacher in dem heißen Klima besonders gut anbauen lassen. Bombay bietet die wohl größte Auswahl an verschiedenen kulinarischen Einflüs-
sen: Italienisch essen zu gehen ist zwar auch hier alles
andere als selbstverständlich, aber sehr viel einfacher
und mit geringerem Risiko für die Gesundheit durchzuführen als an den meisten anderen Orten Indiens.
Das nahe gelegene Gujarat wiederum ist im ganzen
Land für sein *Gujarati-Thali* bekannt: eine aufeinander
abgestimmte Zusammenstellung von Soßen und Reis,
die auf einem Metalltablett – dem Thali – serviert werden. Das Menü gibt es inzwischen in ganz Indien, im
Süden wird das Tablett oft durch ein großes Bananen-
blatt ersetzt – wunderschön anzusehen und praktisch
dazu. In der ehemaligen Kolonie Goa haben die Portugiesen unter anderem Würstchen aus Schweinefleisch
auf der Speisekarte hinterlassen.
Politische und gesellschaftliche Umbrüche prägen
immer noch Zubereitungsarten und Speisenaus-

wahl. Den *Tandoor*, der Lehmofen, der heute bei uns fast so sehr wie das Currygewürz mit indischer Küche gleichgesetzt wird, brachten Flüchtlinge aus dem Punjab nach der Staatsgründung 1947[3]. Besonders viele dieser Einwanderer aus dem damals neu gegründeten Pakistan siedelten sich in Nordindien an und brachten ihr Wissen über Bauweise und Zubereitungstechnik im geschlossenen Ofen mit, der die aromatische Zubereitung von Fleisch oder Brot bei großer Hitze ermöglicht, ohne die Zutaten austrocknen zu lassen. In den letzten Jahrzehnten sind es Exiltibeter, die mit Spezialitäten wie den kugeligen *Momos*, kleine gefüllte Teigtaschen, das Essensangebot Indiens bereichern.

Über die regionalen Unterschiede hinaus schwört jeder Inder darauf, dass es nirgendwo besser schmecke als bei ihm zu Hause. „Warum willst du im Restaurant essen?", fragt mich die Gastmutter der Pension in Familienbesitz, wenn ich für eine Buchrecherche eine Einladung, in der Unterkunft zu essen, ausschlage. „Dort ist das Essen schlecht." Eine indische Köchin hat oft ihr eigenes *Garam Masala*, eine Gewürzmischung, mit der sie ihren Currys und Linsengerichten einen besonderen geschmacklichen Stempel aufdrückt. Unter „Curry" versteht man in Indien übrigens kein Pulver, sondern eine Zubereitungsart: gekochte Gerichte, die mit einer Soße zubereitet werden.

Ein anderer Grund für die Vorliebe für Selbstgekochtes sind Speisevorschriften, die mit dem Glauben zusammenhängen: Hindus verzichten ganz auf Rindfleisch, die Mehrheit lebt vegetarisch – aus dem Glauben heraus, dass die Seele des Menschen auch in einem Tier wiedergeboren werden kann. Als Na-

---

3   Mehr zu der Trennung und den Flüchtlingsströmen nach der Staatsgründung 1947 steht im Kapitel „Die Geister von Gurgaon".

tionalgericht Indiens kann wohl *Dal* bezeichnet werden, Sammelbegriff für eine Unzahl von Linsengerichten, die oft sehr flüssig sind. Die Hülsenfrüchte sind ein wichtiger und günstiger Proteinlieferant.

Für Angehörige höherer Kasten ist die Vorstellung, Essen aus einer „unreinen" Küche zu konsumieren, in der zum Beispiel Kastenlose arbeiten, oder in der Fleisch oder Alkohol auf der Zutatenliste stehen, ein Problem. Brahmanen ist der Verzehr von Zwiebeln und Knoblauch verboten, Muslime essen kein Schweinefleisch. Besondere Anforderungen stellen Jains an ihr Essen: Kein Lebewesen darf durch die Nahrungsaufnahme Schaden nehmen. So sind sie besonders strenge Vegetarier: Der Verzehr von Eiern ist für Jains tabu, viele leben vegan. Darüber hinaus meiden sie Zutaten, bei deren Ernte Lebewesen verletzt oder getötet werden könnten. Die Liste der verbotenen Lebensmittel für fromme Jains ist lang: Kartoffeln und Karotten, wie fast alles, was unter der Erde wächst oder tiefe Wurzeln hat – bei der Ernte könnte ja ein im Erdreich verborgenes Insekt sterben; Honig, denn auch der umsichtigste Imker verhilft einigen seiner Bienen zu einer verfrühten Wiedergeburt. In Frage kommen auch keine Lebensmittel, deren Ernte den Tod der gesamten Pflanze bedeutet, wie Radieschen oder Zwiebeln. Nach Einbruch der Dunkelheit wird von orthodoxen Jains nichts zubereitet oder gegessen, zum einen weil das dafür nötige Kunstlicht Insekten anlockt und ihnen so den Tod bringt, zum anderen weil im Düstern leicht eine kleine Fliege zwischen die Zähne gerät.

Wenn ein orthodoxer Jain vor der Abenddämmerung seine *Kele Vada* isst, frittierte Bällchen aus Banane und Erbsen, macht er das am liebsten zu Hause – denn wo könnte er sonst sichergehen, dass bei der Zubereitung nicht doch einige der Regeln ver-

letzt wurden? Der gleiche Gedanke wird auch einen
strenggläubigen Brahmanen oder frommen Muslim
zu Hause halten.
Allerdings kann man nicht sein ganzes Leben zu
Hause sitzen. Schon gar nicht als Angestellter mit
langen Arbeitstagen. In Bombay gibt es eine Lösung
für die Pendler, die jeden Tag mehrere Stunden Fahrt
für den Weg zu ihrem Arbeitsplatz auf sich nehmen:
die *Dabbawallas*, Essensträger. Etwa 5 000 von ihnen
sorgen dafür, dass jeden Tag rund 200 000 Angestellte, Schüler und Geschäftsleute im Büro oder in der
Schule essen können. Nicht irgendein Essen, sondern
genau das, was die Frau,˚ Mutter oder Schwester ihnen wenige Stunden vorher zu Hause in den Dab-
ba gefüllt hat – ein Blechzylinder, der aus mehreren
aufeinandergestapelten Büchsen zusammengesetzt
ist, sodass für Reis, Dal und Currys jeweils eigene
Behälter benutzt werden können. Den gefüllten Dab-
ba überreicht die Köchin an ihrer Haustür einem Träger – und über ein ausgeklügeltes Verteilernetz ge-
langt die silberne Dose zu ihrem Empfänger. Immer.
Trotz der hohen Zahl der Lieferungen ist die Zuver-
lässigkeit der Dabbas legendär: Das Forbes Global
Magazine kürte die Interessenvertretung der Dabbawallas, den Nutan Mumbai Tiffin Box Suppliers
Charity Trust oder NMTBSCT, zu einem Unternehmen mit Six Sigma Rating. Solche Unternehmen erfüllen das, was sie ihren Kunden versprechen, nahe-
zu vollkommen zuverlässig, Arbeitsabläufe lassen
sich kaum noch optimieren. Angeblich geht den Dab-
bawalla nur eine von 16 Millionen der „Tiffin Boxes"
– so nannten die Briten die Behälter für kleine Mahl-
zeiten, als das System vor 120 Jahren eingeführt wurde – verloren. Pünktlichkeit ist eine weitere hervor-
stechende Eigenschaft der Organisation. Als Prinz
Charles die Dabbawallas im Jahr 2003 besuchte,

bestand die NMTBSCT darauf, dass die königliche Hoheit sich nach dem Terminplan der Träger richtete: Schon eine kleine Veränderung des logistischen Ablaufs hätte die Versorgung von Bombays Angestellten mit Currys zusammenbrechen lassen. Den Versuch, ein ähnliches System in Neu-Delhi aufzubauen, blies die Organisation ab, angeblich weil die indische Hauptstadt, deren Stadtgrenzen ein großes Rund zeichnen, die Logistik zu komplex werden lässt: Bombays City ist lang gestreckt, was die Koordination wohl leichter macht.

Nicht nur in der Stadt der Dabbawallas ist Tiffin, der kleine Happen zwischendurch, beliebt. Imbissstände wie den, an dem ich Chilibananen kennenlernte, gibt es in ganz Indien. Zum Angebot gehören Samosas, gefüllte Teigtaschen, und Pakoras, in Teig getauchtes und frittiertes Gemüse. Delhi aber hat seinen eigenen Snack: Es ist die Hauptstadt des *Chaat Papri*. Ob in einer Bretterbude im Basar oder einer Chaat-Bar in einem Einkaufszentrum, Chaat ist das Lieblingsessen der Delhiwallas[4]. Bekanntlich macht Liebe blind, und man schaut besser nicht so genau hin, wenn man Chaat noch nicht lieben gelernt hat. Das ist auch der Grund, warum ich an ungezählten Take-aways vorbeigelaufen bin, bevor ich nähere Bekanntschaft mit dem Snack schloss: Chaat Papri sieht nicht sehr appetitlich aus. Es war Vimal, der die Leckerei und mich einander näherbrachte. „Probier das mal", sagte er und streckte mir ein Schüsselchen aus gepressten Blättern entgegen, in dem in einer weißlichen Soße undefinierbare Bröckchen schwammen, darauf dunkle Sprenkel. Vimal bediente sich sofort an seiner eigenen Portion. Mit einem Rundumblick versicherte ich mich, dass es ein gut besuchter La-

---

4 Delhiwalla: ein Mann, der in Delhi lebt.

den war – ein wichtiges Zeichen für die gesundheit-
liche Verträglichkeit von Straßenrestaurants. Als ich
kostete, lernte ich die inneren Werte des Snacks zu
schätzen: Gekochte Kartoffelstückchen, kleine Teig-
waffelbrocken sowie Erbsen oder klein geschnittenes
Gemüse bilden die Grundlage für ein nahrhaftes Essen, das süßlich und würzig zugleich ist. Für Letzteres zeichnen sich Tamarindenchutney und *Chaat
Masala*, also die dunklen Sprenkel oben drauf, verantwortlich. Ein bisschen Chili – without spicy it's
boring – ist natürlich auch dabei. Die weißliche Soße,
eigentlich flüssiger Joghurt, mildert das Ganze ab.

Der kleine Snack zwischendurch spielt auch deshalb
eine so große Rolle in der indischen Küche, weil das
Mittagessen, häufig ein Thali, nicht so gehaltvoll wie
in Deutschland ist. Feste Essenszeiten spielen keine
große Rolle, was auch daran liegt, dass Essen von
vielen als Teil eines ganzheitlichen Verständnisses
von Körper, Geist und Seele verstanden wird: Man
isst, wenn diese drei danach verlangen – und nicht,
wenn die Uhr es befiehlt. Die Regeln der traditionellen indischen Heilkunst, Ayurveda, bestimmen
oft die Zusammensetzung der Speisen: Gewürze unterstützen gezielt die Verdauung und verschiedene
Geschmacksrichtungen werden bewusst kombi-
niert. Das Frühstück ist eher leicht – etwas Obst, vielleicht ein paar *Idlis*, Reiskuchen, und natürlich Dal.
Eine leckere Alternative sind *Parathas*, Teigfladen,
die gerne mit Kartoffeln oder Gemüse gefüllt werden, oder – im Süden – *Masala Dosa*, knusprige sal-
zige Pfannkuchen. Viele Inder beschränken sich auch
einfach auf *Masala Chai*, mit Ingwer und Kardamom
gewürzten und mit Milch aufgebrühten Tee, und
Chapattis, die indischen Brotfladen. Die Hauptmahl-
zeit nehmen viele indische Familien erst spät am
Abend zu sich. So spät, dass ich bei einer Einladung

zum Essen einmal richtig ins Fettnäpfchen trat. Pünktlich um acht klopfte ich bei meinen Gastgebern an. Es ist ein großes, neues Haus, die Familie lässt ihre Kinder in den USA studieren, ein großer schwarzer Geländewagen steht vor der Tür – es war ein Besuch bei glücklichen Vertretern des indischen „Mittelstands". Im klimatisierten Wohnzimmer sind schon andere Gäste, die alle Meister des Small Talks sind: „Woher kommen Sie? Wie oft waren Sie schon in Indien?". Als ich erkläre, warum ich noch nicht verheiratet bin, spüre ich zum ersten Mal meinen Magen. Bis auf ein paar gesalzene Kichererbsen ist aber nichts vom Essen zu sehen. Also warten, und es gibt ja noch viel zu erzählen … Doch irgendwann siegen Hunger und Neugier über meine Geduld: Es solle doch ein Dinner geben – wann denn gegessen werde?

Das war ein echter Fauxpas: Das Dinner bildet den krönenden Abschluss des Abends, nach ihm zu fragen, klingt so, als würde man sich das Ende des Besuchs herbeiwünschen. Denn nach dem Essen ist die Party vorüber, die Gäste verabschieden sich. Doch ich hoffe, meine Gastgeber an dem Abend wenigstens in einer Hinsicht glücklich gemacht zu haben: Als Zeichen der Gastfreundschaft gehört das größte Stück im Topf dem Besucher, und wenn dieser zeigt, dass er zu Ende gespeist hat, rühren auch die Einladenden nichts mehr an. Hungrig mussten meine Gastgeber nicht zu Bett gehen.

Ein anderer Gast, ein älterer Herr mit aristokratischem Auftreten und beeindruckenden weißen Augenbrauen, klärte mich über meinen Missgriff auf: „Tagsüber ist es zu heiß für ein schweres Mahl", sagte er, „deswegen warten wir, bis der Abend Kühle bringt."

Vielleicht auch, weil die Frauen in der Küche den ganzen Tag brauchen, um so ein Essen vorzubereiten – und den halben Abend dazu. Ein indisches

Festmahl lebt von der Vielzahl von Chutneys, Currys, Dals, die geschmackliche Akzente setzen. Bei Nicht-Vegetariern auch aus Fleisch- und Fischgerichten. Dazu werden – oft in Wärme speichernden Plastikdosen – Chapatti gereicht. Allein diese in ausreichender Menge herzustellen, würde jemanden ohne Übung einen halben Tag beschäftigen. Zumal viele indische Hausfrauen immer noch alles selbst machen und nur wirkliche Rohstoffe kaufen: Das Ghee gehört da schon zu den veredelten Produkten, es wird auf dem Herd aus Butter geklärt. *Paneer*, der indische Käse, wird ebenfalls nach Bedarf aus Milch mit Essig angefertigt, und auch das Mehl für die Pakoras, Samosas und Chapattis mahlen viele Inderinnen in der eigenen Küche.

Wer keine Mühle zu Hause hat, lässt das Mahlen direkt beim Einkauf erledigen – mit der Mahlstärke, die das Rezept jeweils verlangt. Eingekauft wird in den Basaren, auf den Märkten und bei kleinen Händlern – freundlicher Kontakt mit den Verkäufern ist im Preis inbegriffen. Etwas mehr als 35 Millionen Menschen arbeiten im Einzelhandel, viele davon in winzigen Ständen und kleinen Läden.

Supermarktketten, Fertigessen und Tiefkühlkost sind auch deshalb noch eine Seltenheit. Unter anderem deshalb, weil Stromausfälle immer noch an der Tagesordnung sind und eine ununterbrochene Kühlkette kaum durchführbar ist. Allerdings bemühen sich globale Lebensmittelketten wie Metro, Carrefour und Wal-Mart, so warnt die Entwicklungsorganisation Oxfam, darum, auf dem indischen Markt eine größere Rolle spielen zu dürfen. Im Rahmen eines Freihandelsabkommens zwischen Indien und der Europäischen Union soll eine bisherige Regelung aufgeweicht werden, die Investitionen nur als Joint Ventures mit indischen Unternehmen erlaubt. Die

Indiens größter Schatz: Die Menschen, ob jung …

… oder jung geblieben.

Ein Paanwalla bietet sei-
ne Arekanuss-Spezialmi-
schung im Betelblatt an.

Der Autor dieses Buchs
auf den Spuren von M.G.
Ramachandran.

Kein Mädchenzimmer, sondern die gute Stube eines
Dorfhauses.

Eine Braut beim Gang durch das Viertel ihrer Familie zu Beginn der Hochzeitsfeierlichkeiten.

Der Fahrer Maheesh vor dem Taj Mahal in Agra.

Große Wäsche am Ufer des Flusses Chambal
in Rajasthan.

Eigentlich hätte auch noch ein Fahrrad darauf gepasst.

Chilischarf und sirupsüß: lecker essen am Straßenrand.

Kuhdung, zum Trocknen ausgelegt und aufgeschichtet.
Die Fladen werden später als Brennmaterial genutzt.

Harte Arbeit: Ochsengespann zieht Holzpflug.

Immer im Takt bleiben! Elefanten im Stadtzentrum von Mysore.

Rüssel an Schwanz: Elefantenprozession in Varkala.

Speisen wie die Maharajas: Marmortafel mit blütenbe-
streutem Wasserbassin im Udai-Bilas-Palast
von Dungarpur.

Über den Dächern von Udaipur: Abenddämmerung im
Stadtpalast.

An Goas Küste.

Versammlung gegen die Einrichtung von Sonderwirtschaftszonen in Goa, Ende 2007. Typisch für Goa:
selbstbewusste Frauen.

Touristenmarkt von Anjuna, Goa.

Auf dem Basar von Udaipur.

Einfach, aber farbenfroh.
Hauseinrichtung auf dem
Land.

Tomorrows gain –
Der Lohn der Zukunft:
Gurgaon bei Delhi.

„Gamilla, Gamilla!" Deutsch-indische Zusammenarbeit
auf der Musterfarm in Bamhani.

Straßenszene in Jodhpur.

Verordnung schützte auch den indischen Einzelhandel und die Landwirtschaft vor möglichen Gefahren der Globalisierung. Fällt dieser Schutz weg, droht nicht nur der indische Einzelhandel aus dem Gleichgewicht zu geraten. Die neue Art von vorgefertigten Lebensmitteln wäre auch eine Herausforderung an die indische Gesellschaft.

Die massenweise Eröffnung von Lebensmittelgeschäften westlichen Zuschnitts mag für die indische Küche eine Bedrohung sein – Fertigpizzen und Mindesthaltbarkeitsdaten scheinen so gar nicht zur kulinarischen Welt des Subkontinents zu passen. Die ist deshalb so einzigartig, weil sie geschmackliche Gegensätze vereint, weil sie mit der Vielfalt bei der Wahl der Zutaten und Farben erfreut und weil über sie Traditionen weitergegeben werden. Aber es gibt Hoffnung: Die Liebe der Inder zum Essen mag auch die Eröffnung einiger Supermärkte überstehen. Ein Freund, der mir das Essen mit den Fingern beibrachte, erklärte mir seine innige Verbundenheit zu den Gaumenfreuden so: „Wenn Du mit den Fingern isst, dann nicht, um das Essen zu greifen. Sondern weil es zu schade ist, es erst mit der Zunge zu schmecken."

Auch Heilige müssen arbeiten

Er ist Govinds ganzer Stolz. Die mächtigen Hörner hat der Bauer blau angemalt, kleine goldglänzende Glöckchen zieren die Spitzen. Govind hat nur diesen einen Bullen, erzählt er mir. Es ist ein bescheidener Hof am Rand eines Dorfes in Maharashtra. Govinds *Chappals* sind blaue Plastik-Flip-Flops, sein *Dhoti*[1] sowie sein Hemd, die *Kurta,* sind strahlend weiß. Der Stall ist ein zu einer Seite offener Verschlag, dessen Dach mir etwa bis zur Stirn reicht, unter dem der Bauer und sein Vieh aber aufrecht stehen können. „Gegen den Regen und wegen der Sonne", erklärt Govind. In der Monsunzeit wird es hier zwischen den Lehmwänden eng, denn die Ziegen haben keine eigene Behausung. Der Bauer nimmt einen Stock und gibt seinem Lieblingsrind, das es sich im Schatten gemütlich gemacht hat, mit einem kurzen Ruf einen Klaps aufs Hinterteil. Ist das Rind nicht heilig? Govind wackelt bestätigend mit dem Kopf und lacht verlegen. Und treibt den Bullen mit einem weiteren Klaps weg von der Hütte, Richtung Feld. Später wird er es vor den Pflug spannen. Er verehrt das Tier, ganz klar. Arbeiten muss es trotzdem.

Die Seele, glaubt ein Hindu, wird als Tier oder als Mensch wiedergeboren – das bedeutet auch, dass Tiere so zu respektieren sind wie Menschen. Auf dem Land leben die Menschen noch so eng wie vor Jahrhunderten mit ihren Tieren zusammen, Govinds

---

1 Dhoti: traditionelles Kleidungsstück für Männer, das in den Städten immer seltener, aber noch häufig auf dem Land zu sehen ist. Seines Aussehens wegen wäre „Beinkleid" eigentlich eine gute Übersetzung: Ein langes Stück Stoff wird um Beine und Hüften gewickelt und zusammengeknotet.

Lehmhaus steht nur wenige Schritte vom Stall entfernt. Auch in den Städten begegnet man Tieren, anders als in Europa, auch außerhalb der Bratröhre. So
ist es kein Wunder, dass auch in der indischen Göt-
terwelt überall Tiere zu finden sind: Als Reittiere begleiten sie die Gottheiten, wie die Ratte (den elefantenköpfigen) Ganesha, oder lassen sich von ihnen
beschützen, wie bei Vishnu, der unter einer großen
Schlange sitzend dargestellt wird. Schwäne, Fische,
Antilopen, Büffel, Schildkröten – die Bildsprache der
indischen Mythologie ist angefüllt mit Vierbeinern
und geflügelten Wesen.

Die Kuh nimmt auch in der Wirklichkeit eine Sonder-
stellung ein. Gerne auch mitten auf der Straße. Mit
großer Gelassenheit und umflutet vom chaotischen
Verkehrsgetümmel stehen Kühe auf den Straßen in
indischen Städten, starren vor sich hin und laufen
scheinbar unvermittelt ein paar Schritte weiter. Niemanden wundert das: Autofahrer, die sonst um jeden Zentimeter auf dem Asphalt kämpfen, halten
großzügig Abstand von dem Tier. Nur wenn eine
Kuh einem Gemüsestand zu nahekommt, wird sie
mit klatschendem Schlag auf die Seite umgelenkt.
Doch es bleibt bei harmlosen Knüffen, und die werden meist sparsam eingesetzt.

Kühe gelten Hindus als heilig. Sie geben Milch, aus der
Butter und Ghee hergestellt wird. Ghee wiederum ist
fester Bestandteil der Opferzeremonie einer Puja. Die
Ayurveda-Medizin nutzt den Urin der Tiere als Heil-
mittel, ihr Dung wird zum Bauen und als Brennstoff
verwendet. Und auch auf dem Acker sind sie immer
noch wichtig: Bauern wie Govind spannen Ochsen
vor den Pflug, um das Feld zu bestellen. Die Kuh wird
als Spenderin und Bewahrerin des Lebens angesehen
– und in der Hindu-Mythologie tritt sie gleich mehrfach in diesen Rollen auf: Krishna wuchs als Hirten-

junge mit Kühen auf, Vishnu, der Bewahrer des Lebens, wird mit der Kuh identifiziert – und kaum ein Shiva-Tempel kommt ohne den ruhenden Nandi aus, den Stier, den Shiva als Reittier nutzt und den seine Anhänger mit Blumengirlanden schmücken.

So allgegenwärtig ist der Respekt vor den Kühen, dass ein Inder kein frommer Hindu sein muss, um in der Verletzung einer Kuh nicht nur einen Verstoß gegen den Glauben, sondern gegen das Leben zu sehen. Immer wieder versuchen Populisten, sich die Sympathien für Kühe zu eigen zu machen. Anfang 1996, als in Europa die Sorge um die Verbreitung der Creutzfeld-Jakob-Krankheit besonders groß war, und Großbritannien begann, hunderttausende Rinder zu keulen, unterbreitete die Vishwa Hindu Parishad dem britischen Gesundheitsminister ein verlockendes Angebot: Die Organisation, die übersetzt „Welt-Hindu-Rat" heißt, wolle den Tieren in Indien Asyl geben. Die britischen Rinder traten nie die Überfahrt nach Indien an, doch der „Weltrat der Hindus", eigentlich nur eine von mehreren hindu-nationalistischen Gruppierungen, hatte ein internationales Medienecho hervorgerufen – und erzeugte im eigenen Land viel Beifall für den Vorschlag.

Die Achtung, die Kühen entgegengebracht wird, bringt den Tieren auch Nachteile. Sehr oft werden Rinder nicht angebunden oder eingesperrt, denn ein Rind mit einer Leine um den Hals oder einem verschlossenen Gatter seiner Freiheit zu berauben, ist aus Sicht besonders orthodoxer Hindus auch eine Form von Gewalt. Eine schöne Regelung für ein Rind wie den Bullen von Govind, der sich aussuchen kann, ob er sich in seinen Stall, auf einen Feldweg oder unter einen Baum legt. Eine Stadtkuh dagegen wird so zur wiederkäuenden Verkehrsinsel. An die Stelle einer Weide tritt für solche Tiere der Rinnstein und der

Müllhaufen, wo sie sich aus Weggeworfenem das herausziehen, was essbar ist. In vorindustriellen Zeiten mag das für das Dorfleben eine gute Lösung gewesen sein – die Tiere wurden satt und verwerteten nebenbei den Müll. Heute ist der Abfall zum großen Teil nicht mehr organisch. Die dünnen Plastiktüten, die man ständig bekommt, werden von den Kühen für Futter gehalten. Das kann lebensgefährlich für die Tiere sein, denn Plastik und anderer unverdaulicher Müll bleibt im Magen, der nicht genug normale Nahrung mehr aufnehmen kann. Die aufgedunsenen Kühe verhungern, wenn sie nicht vorher durch Magenerkrankungen eingehen.

Die Behörden und auch die Bevölkerung haben das als Problem erkannt. Die Verwaltungen der Megacitys verbannten freilaufende Kühe aus den Stadtzentren – und reagierten damit auch auf die zahlreichen Unfälle. In Neu-Delhi beispielsweise muss ein Kuhbesitzer, der sein Vieh unbeaufsichtigt durch die Straßen stromern lässt, damit rechnen, dass es von einem Fängerkommando mitgenommen wird. Verwurstet werden auch diese Tiere nicht – sie kommen ins *Goshala*. Diese Rinderfarmen, die es im ganzen Land gibt, sind Pflegeheime für herrenlose Rinder. Sie sind oft private Stiftungen frommer Hindus und finanzieren sich aus Spenden und dem Verkauf der Kuhprodukte.

Die Modernisierung Indiens macht aber auch vor dem Verhältnis von Menschen und Kühen nicht halt. Immer seltener halten sich Bauern Zugbullen: Je mehr Maschinen im Einsatz sind, desto weniger Bauern wollen noch das Geld aufbringen, das nötig ist, um sich männliche Rinder zu halten. Da der Markt für Rindfleisch verschwindend klein ist, haben Bauern nichts davon, Ochsen – anders als bei Milchkühen – durchzufüttern. So wenig Rinderschlachtungen es gibt, so neu ist es, dass der Markt für Rindfleisch überhaupt erwähnenswert ist: In Bangalore, wo Anfang der Neunzigerjahre ein Steakhaus von einer wütenden Menge verwüstet wurde, weil dort Rindfleisch auf der Karte stand, stehen heute fünf solcher Restaurants zur Auswahl. Bangalore ist eine der modernsten und stark vom Westen geprägten Städte Indiens, und viele ihrer Einwohner pflegen einen entsprechenden Lebensstil – so mögen die Steakhäuser dort für Indien eher die Ausnahme als die Regel bedeuten. Im gleichen Bundesstaat, in Karnataka, wird diskutiert, wie ein über vierzig Jahre altes Gesetz gegen Rinderschlachtungen heute durchzusetzen sei. Die eigentliche Sensation an der Auseinandersetzung sind für mich Leserbriefe in Zeitungen, in denen offen die Meinung vertreten wird, dass das strikte Verbot der Schlachtung von Kühen und des Verkaufs von Rindfleisch Minderheiten beeinträchtigen würde. Dass Muslime und – wenn sie sich Fleisch leisten können – Kastenlose nicht unbedingt etwas gegen ein schönes Rindercurry haben, liegt nah. Dass darüber offen in indischen Medien gesprochen wird, ist neu und zeigt, dass durch die Modernisierung der indischen Gesellschaft die „heilige Kuh" nicht mehr das ist, was sie früher vielleicht einmal war. Sondern immer mehr zum Klischee wird, das mit der indischen Wirklichkeit nur bedingt etwas zu tun hat.

„Wie, du warst in Indien? Da hast du doch sicher Elefanten gesehen!" Sätze wie diesen höre ich immer wieder, wenn ich von einer Reise nach Deutschland zurückkehre. Nach der „heiligen Kuh" marschieren die Elefanten an zweiter Stelle bei der Parade der tierischen Assoziationen, die Indien hervorruft. Zwar leben wilde Elefanten heute fast nur noch in den Grenzen einiger Nationalparks. Doch sind die Tiere trotzdem eng mit dem Land verbunden: Im Gegensatz zu dem dritten Tier dieser Parade, der Schlange im Korb, die ein Fakir mit den Bewegungen seiner Flöte zum Tanzen bringt, sind Elefanten im Alltag Indiens tatsächlich anzutreffen – und nicht nur als Touristenattraktion. In Form kleiner Statuen von Ganesha, dem elefantenköpfigen Sohn Shivas und seiner Göttergattin Parvati, sogar auf Schritt und Tritt: Ganesha ist einer der Popstars im indischen Pantheon, und so ist sein Bild besonders häufig zu sehen. Das göttliche Dickerchen soll Glück bringen, vor allem wenn sein Rüssel nach oben gerichtet dargestellt wird. Bei einer Puja wird zu Anfang der Elefantengott gepriesen, viele Tempel haben eine Figur von Ganesha am Eingang, damit sich das erste Gebet an ihn richte. Deshalb haben manche Tempel auch ihren eigenen echten Elefanten. Der übernimmt wichtige Aufgaben: Aus den Händen der Tempelbesucher nimmt er mit dem Rüssel Münzen und Scheine entgegen – und segnet den Spender auf ein Zeichen seines Wärters hin mit einem sanften Stups auf die Stirn. Bananenspenden landen nicht in dem Korb mit dem Geld, sondern direkt im Maul des Dickhäuters.

Die Tempelelefanten wirken dabei so sanft, dass man kaum glauben möchte, dass die Tiere auch eine Gefahr für den Menschen sein können – geschweige denn, dass sie in den Zeiten der Mogul-Kaiser als gefürchtete Waffe eingesetzt wurden. Nur das Klirren der Metallkette, mit der ein Bein gesichert wird, erinnert daran, dass es keine Schmusetiere sind. Dass man sie für welche halten könnte, liegt auch an ihrer Bemalung: Die *Mahouts,* die Elefantenführer, verzieren die Tiere mit bunten Ornamenten.

Besonders hübsch gemacht werden die Elefanten für Prozessionen. In Kerala habe ich außergewöhnliche Paraden erlebt. Zu den größten gehört die Arrattu-

Prozession während des mehrere Tage andauernden Tempelfestes, das jedes Jahr im März oder April in dem kleinen Städtchen Varkala stattfindet. Varkala beherbergt in dieser Zeit zwei Typen von Gästen: Westler, die den Sandstrand unter den palmenbewachsenen Klippen genießen, und tausende Vishnu-Pilger. Bei einem Besuch im Jahr 2003 erlebe ich, wie sich die beiden Gruppen an den Rändern der größten Straße der kleinen Stadt versammeln, um den Festzug zu bewundern. Damals sind es 79 Dickhäuter, ein jeder mit seinem weißgekleideten Mahout auf dem Rücken und einem goldenen Kopfschmuck verziert. Die Elefantenführer, die im Schneidersitz auf dem Rücken der Tiere sitzen, halten blumengeschmückte, goldene Tafeln auf den Elefantenköpfen aufrecht und müssen dafür ihre Arme weit nach oben strecken. „Die Tafeln heißen *Nettipattam*", sagt mir der Schneider, vor dessen Geschäft ich die Prozession beobachte, und winkt in Richtung eines glänzenden Kopfschmucks, der voller golden strahlender Kugeln und Halbmonde ist. „Der Schmuck steht für alle Götter", erklärt er mir mit einer Mischung aus Stolz und Freude, „und die Tafeln zeigen Vishnu." Später, als die mächtigen Tiere vorbeigeschritten sind, erzählt er noch, dass früher noch mehr Elefanten an der Prozession teilgenommen hätten. Doch Elefanten zu versorgen sei teuer, und viele Mahouts würden keine langen Reisen auf sich nehmen wollen.

Letzteres ist verständlich: Irgendwie muss ein Elefant ja von Tempel zu Tempel kommen. Wie schon vor Jahrhunderten reiten die Mahouts ihre Tiere zum Ziel – ein Transport wäre für sie viel zu teuer. Eine Reihe bemalter Elefanten auf einem Highway ist ein schönes Bild. Auf den modernen indischen Straßen wird aber inzwischen verhältnismäßig schnell gefahren – und bei einem Unfall haben die Tiere und ihre Lenker keine Chance.

Aus europäischer Sicht mag das Bild des Schlangen-
beschwörers eng mit Indien verknüpft sein, doch für
die meisten Inder sind die Reptilien nicht so bedeu-
tend wie ein anderes Tier. Fast genauso beliebt wie
Ganesha ist in der indischen Volksgläubigkeit der Af-
fengott Hanuman. In der Hindu-Mythologie führt er
das Heer der Affen an, rettet die Götter und die Welt.
Man kann davon ausgehen, dass alle Affen Indiens
diese Geschichten kennen. Zumindest benehmen sich
die meisten so, als würden sie sich als die eigentlichen
Herrscher des Landes ansehen. Eine auf dem Subkontinent weit verbreitete Art ist der nach dem Gott be-
nannte Hanuman-Langur, im Norden gibt es viele
Makaken, vor allem Rhesusaffen. Die Verehrung des
Affengotts hat ihnen weitgehende Narrenfreiheit beschert: Egal ob sie Süßigkeiten und Essen klauen oder
Blechdächer zum Schlagzeug umfunktionieren, es
wird toleriert. Die Geduld gegenüber den Tieren hat
aber auch Grenzen, wie die eines Restaurantbesitzers,
der ohne Zögern eine Zwille aus der Schublade holte, als ein besonders dreister Primat vor dem Fenster
und den Augen aller Gäste zu masturbieren begann.
So geübt, wie der Maître mit der Schleuder umging,
sah es allerdings so aus, als passiere das nicht zum
ersten Mal. Doch was kann der Mann mehr tun? Als
Gottesmörder will dann doch keiner dastehen.
Wie gut Affen eine Stadt im Griff haben können,
habe ich in Bundi in Rajasthan erlebt. Es ist eine für
indische Verhältnisse außergewöhnlich schöne Stadt,
deren alten Häuser von einem mächtigen Fort über-
blickt werden. Es gibt nicht allzu viele Bausünden,
und ein kleiner See, den man von den Flachdächern
der Hotels und Restaurants betrachten kann, dient
als Blickfang. „Wir haben das Dach extra ausgebaut",
erklärte mir ein Hotelbesitzer traurig, als er mich auf
sein Dach führte, „aber die Affen finden immer einen

Weg". Netze, Stacheldraht – alle Versuche, die Affen vom Dach fernzuhalten, seien gescheitert, denn an alles passten sich die Horden von Rhesusaffen an. Die Dachterrasse bleibt deshalb ungenutzt. Oben im Palastgarten treffe ich auf zwei Wärter, bewaffnet mit *Lathis*, langen Holzprügeln. Nicht, um Vandalen daran zu hindern, die wunderschönen Fresken von Bundi zu beschädigen, sondern um die Affen aus dem Garten zu halten. Die beiden haben die schönste Aussicht auf die Stadt und trotzdem keinen Spaß an ihrem Job. „Wenn sie einen Stock finden, versuchen sie, dasselbe zu machen wie wir", sagt mir einer von den beiden und lässt den Lathi zur Demonstration durch die Luft schwirren, während der andere etwas nervös Ausschau hält. Ich hoffe, dass die beiden noch gesund sind; es soll fast dreihundert Affen im Fort von Bundi geben.

Auch Ratten wird Respekt entgegengebracht – als Reittier Ganeshas beispielsweise, und in Deshnok in Rajasthan gibt es einen Durga-Tempel, in dem die Pilger die Nager mit Opfergaben füttern. Sollte jemand Ratten nur vom Hörensagen nicht mögen, ist es nicht der schlechteste Ort, Berührungsängste abzubauen – selbst in Massen wirken Ratten nicht so bedrohlich wie zwei Zahnreihen in einem aufgesperrten Affenmaul. Aber mindestens genauso interessant ist die Beobachtung der anderen Tempelbesucher. Die Hindus besuchen den Tempel, um ihrem Glauben nachzukommen – vielen von ihnen ist deutlich anzusehen, dass sie den Tieren nicht weniger Vorurteile entgegenbringen als viele Mitteleuropäer. „Was, Ihre Kusine hält sich eine Ratte als Haustier?", entfuhr es einmal einer Gastgeberin mit einer Mischung aus Entrüstung, Ekel und Unglauben, der ich unvorsichtigerweise davon erzählt hatte. Dass in Mitteleuropa zweistellige Minusgrade im Winter und Geschwin-

digkeiten von über 150 Stundenkilometer auf den
Autobahnen nichts Außergewöhnliches sind, hatte sie nicht überrascht – aber Ratten sah sie außerhalb eines Tempels vor allem als Ungeziefer an. „Bestimmt würde ich mir so etwas nicht ins Haus holen",
sagte sie zu mir, offenbar fest davon überzeugt, dass
ich eine etwas absonderliche Familie habe.

Hätte ich der Dame von einem anderen Tier erzählt,
sie wäre weniger angewidert gewesen. Halsbandsit-
tiche, die es seit ein paar Jahrzehnten auch in einigen
deutschen Ballungsräumen gibt, haben ihre Heimat
in Indien – und werden dort als Glücksbringer angesehen. Das ist sehr praktisch, denn die grün ge-
fiederten Krachmacher mit dem roten Schnabel und
dem roten Band um den Hals sind fast überall zu
sehen und zu hören: Das Glück geht also nicht aus,
wenn man es von ihnen abhängig macht. Die Pa-
pageien, die in großen Schwärmen leben und gerne in Ruinen historischer Bauwerke nisten, werden
auch gefangen und verkauft. Das ist keine schöne
Sache, denn es sind keine zahmen Tiere, und man
muss kein Ornithologe sein, um zu erkennen, dass es
nicht artgerecht ist, so einen Vogel allein in einen engen Käfig zu sperren. Glücklicherweise haben Hals-
bandsittiche zwar ein schönes Gefieder, schreien aber
nervtötend – viele werden wohl wieder in die Freiheit entlassen, bevor sie an Depression oder falscher
Ernährung sterben.

Abgesehen von Glücksbringern wie den Halsband-
sittichen ist es unüblich, ein Haustier zu halten.
Vielleicht liegt das daran, dass es so normal ist, ein
Nutztier zu haben – natürlich Kühe, vor allem aber
kleinere Tiere, von der Ziege bis zum Huhn, werden
nicht nur auf dem Land, sondern auch in der Stadt
gehalten, um zu Hause die Speisekarte aufzupep-
pen. Kastenlose haben auch Schweine, die oft frei in

den Wohnvierteln herumstreunen. So ist es unnötig, ein Haustier nur zum Spaß zu haben: Die Kinder spielen nicht mit einem Hamster, sondern mit dem Lämmchen, dass irgendwann als Curry auf den Tisch kommt. Allerdings ändert sich die Zurückhaltung gegenüber Haustieren langsam: Einige reiche *Bombaykars*, die Einwohner der Finanzmetropole, halten es neuerdings für zeitgemäß, ein Schoßhündchen zu haben. Ein Statussymbol, gerade weil es alles andere als indisch ist, denn eigentlich gelten Hunde als unrein. Für ihre kleinen Lieblinge gibt es sogar schon einen eigenen Dabbawalla-Dienst[2], der die Lieferung von speziell gekochtem Hundefutter bis an die Haustür anbietet. Ein Beispiel dafür, wie groß die gesellschaftliche Spannung in diesem Land ist, in dem sich viele Menschen kaum genug Essen leisten können, aber auch, wie sich Indien verändert. Hunde zählen sonst in Indien zu den bedauernswerten Geschöpfen. Hunderttausende streunen durch die Straßen, und niemand zögert, sie mit Steinwürfen zu vertreiben. Wenn sie im Haus gehalten werden, dann oft als Kettenhunde, die wirken, als wollten sie jeden zerfleischen, der ihnen zu nahe kommt.

Wohl noch schwerer haben es Katzen – nicht zuletzt, weil die Hauskatzen den Affen unterlegen sind, die sich häufig einen Sport daraus machen, die kleineren Raubtiere zu ärgern. Ein Problem mit einem anderen Primat hat eine größere Katzenart: der indische Königstiger, das Nationaltier des indischen Staates. Die Säule des buddhistischen Herrschers Ashoka, die zu den Nationalsymbolen Indiens gehört und auf jedem Geldschein abgedruckt ist, wird von Tigern gekrönt, und die Göttin Durga, die verantwortlich ist für

---

2   Zu Bombays Dabbawallas siehe Kapitel „Essen wie die Götter in Indien".

Zerstörung und Neubeginn, nutzt ihn als Reittier. Durch rücksichtslose Jagd durch den Menschen, Bevölkerungswachstum, Verkleinerung seiner Lebensräume und Wilderei ist der Königstiger, wie viele Arten Indiens, fast ausgestorben. Zwar hat die indische Regierung schon 1973 das *Project Tiger* ins Leben gerufen, ein großes Rettungsprogramm für die Raubkatze. Doch 2008 stellte sich bei einer Zählung heraus, dass anstelle von 4 000 Tieren nur noch höchstens 1 500 Tiger in Indiens Nationalparks leben. Das klingt nach einer ganzen Menge. Doch noch vor hundert Jahren sollen es 40 000 Tiger gewesen sein, und es ist nicht sicher, ob die Zahl der auf mehrere Reservate verteilten Tiere ausreicht, um den Bestand der Art zu erhalten.

Immerhin hat das *Project Tiger,* will man der indischen Regierung glauben, inzwischen die Bevölkerung über die Bedeutung der Rettung des Tigers aufgeklärt. Hatten die Dorfbewohner früher vor allem Angst vor dem „Menschenfresser", wissen sie heute, dass Gefahr vor allem von verletzten Tigern ausgeht.

Immer wieder fasziniert es mich, dass auch außerhalb der Nationalparks die Tierwelt vielfältig und exotisch erscheint. An einem heißen Sonnennachmittag den Schatten eines Affen hinter den zugezogenen Vorhängen eines vergitterten Fensters vorbeigleiten zu sehen, würdig schreitende Kamele auf der Straße zu überholen oder das Zimmer mit freundlichen Geckos zu teilen, die der Schwerkraft trotzend an den Wänden kleben: Auch das macht das einzigartige Masala Indiens aus.

Sonnensöhne in Pantoffeln

Auch Abkömmlinge der Sonne haben frierende Füße. Und Marmor kann sehr kalt sein. Im Umaid Bhavan, dem riesigen Palast des Maharaja von Jodhpur, sind sehr viele Böden aus spiegelglänzendem Stein. Vielleicht ist das der Grund, warum der schnurrbärtige, etwas rundliche Herr um die sechzig mich in seinem Empfangszimmer in Puschen begrüßt. An den Füßen hängen zwei braune, etwas ausgelatschte Lederpantoletten. Nur von den Knöcheln aufwärts ist Gaj Singh II. ganz royaler Patriarch: Seine Kleidung ist eine Mischung aus teurem westlichen Schnitt und indischer, kragenloser Hausjacke, alles aus edlen Stoffen gefertigt. Aus den Tiefen eines mächtigen Sofas beantwortet er ein wenig gelangweilt meine Fragen, lässt sich bei Details auch gerne von seinem Sekretär, der sich wenige Schritte weiter bereithält, aushelfen. Vielleicht ist seine Hoheit nur etwas müde. Doch sein Auftreten wirkte auch wie das Gehabe gegenüber nichtadligen Besuchern, mit dem Monarchen schon vor Generationen ihren Status unterstrichen – stammt er doch aus einem Rajputen-Geschlecht, das von sich behauptet, von der Sonne abzustammen. Dabei ist Gaj Singh seit Jahrzehnten ein Fürst ohne politische Macht, und der Anlass der Audienz ist ein recht prosaischer – Teil einer Recherche für einen Reiseführer. Der Maharaja steht der Indian Heritage Hotel Association, dem Verband indischer Heritage-Hotels, als Präsident vor. Einige der Hotels besitzt er selbst, darunter eines der größten und luxuriösesten des Landes, gelegen im Palast Umaid Bhavan, das er gemeinsam mit einer großen Hotelgruppe führt.

Der Maharaja von Jodhpur ist einer von vielen Söhnen alter Dynastien, die das Erbe ihres Namens auch im demokratischen Indien erhalten. Um das zu finanzieren – die Kosten für Residenzen und Ländereien sind hoch – sind viele zu Hoteliers geworden. Im Bundesstaat Rajasthan, dem „Land der Könige", trifft man auf besonders viele solcher Fürsten-Nachkommen, die laut Gesetz normale Bürger ihres Landes, im Ansehen vieler Inder aber die Erben einer großen Vergangenheit sind. Die meisten haben monarchische Allüren längst hinter sich gelassen, und so wird vielen Reisenden, die beim Einchecken in einem Palasthotel freundlich von einem netten älteren Herrn oder einer Dame empfangen werden, gar nicht bewusst, dass sie da nicht nur einen Hotelbesitzer vor sich haben. Zu den Vorreitern gehören die früheren Herrscher von Udaipur, die schon in den Sechzigerjahren einen ihrer Paläste zur Luxusherberge umfunktionierten. Roger Moore jagte in dem zur Kulisse umgestalteten Lake-Palace-Hotel als James Bond seine Gegenspielerin Octopussy, auch das gegenüberliegende Shiv-Nivas-Hotel am Nordende des Palastes von Udaipur ist Schauplatz des Actionthrillers. Sehr viel musste die Filmcrew an den Orten nicht verändern, um den Eindruck orientalischer Dekadenz zu wecken.

Arvind Singh ist derzeit das Oberhaupt der alten Herrscherfamilie von Udaipur und des umgebenden Fürstentums Mewar. Der Clan, die Sisodias, besitzt zwar im modernen Indien durch seine Abkunft keine politische Macht mehr. Doch Arvind Singh ist ein millionenschwerer und gewiefter Manager. Als solcher steht er einer einflussreichen Stiftung vor und ist Herr über mehrere luxuriöse Hotels, die alle in ehemaligen Familiensitzen wie dem Shiv-Nivas-Palast gelegen sind.

Während meiner Recherche begleitet mich zwar nicht der Maharana – so lautet der traditionelle Titel des Rajas von Mewar – persönlich. Stattdessen vertritt ihn

Singhji, der sich um die Belange des Hotels kümmert. „Meine Familie ist mit den Sisodias verwandt", erklärt mir der *Thakur* Singhji, der sich zwei Tage lang Zeit für mich nimmt. Tatsächlich kommen die Gesichtszüge des Herren mit den gezwirbelten Schnurrbartspitzen denen des stilisierten Kopfes im Strahlenkranz, der überall auf dem Palastgelände zu sehen ist, auffällig nah. „Thakur" ist der alte Titel adeliger Grundbesitzer, im Adelssystem ist seine Rolle etwa mit der eines Landgrafen vergleichbar. „Schon seit Generationen dient meine Familie den Maharanas von Udaipur", erklärt mir Singhji die Verbindung zu der Königsfamilie. „Die Sisodias gehören zu den Rajputen-Clans Rajasthans, und meine Vorfahren sind seit einigen Jahrhunderten Thakurs." Gemessen an den Maßstäben der Udaipur-Maharanas ist das kein langer Zeitraum, denn die Königsfamilie nimmt für sich in Anspruch, eine der ältesten Dynastien mit ununterbrochener Abkunftslinie der Welt zu sein: Bis ins frühe achte Jahrhundert reicht die Geschichte der Mewar-Könige zurück. „Bei der Staatsgründung Indiens 1947 hat der damalige Maharana seinen Herrschaftsanspruch an die junge Republik abgegeben, und das Fürstentum Mewar verlor seine politische Bedeutung", erzählt Singhji, während wir durch die Kristallgalerie wandern, in der eine komplette Schlosseinrichtung aus böhmischem Glas ausgestellt ist. Die Galerie ist ein Souvenir der letzten großen Epoche der Maharajas: Lange bevor die Briten Indien in die Unabhängigkeit entließen, traten sie in den meisten Gebieten nicht als direkte Herrscher auf. Zumindest dem Anschein nach ließen sie in den „Princely states" die traditionellen Herrscher auf ihrem Thron. Allerdings vergaßen sie nicht, den Königen einen *Resident* zur Beratung zur Seite zu geben. Auf alten Gruppenaufnahmen von Maharajas und ihrem Hofstaat aus der kolonialen Ära ist der Resident meist der einzige Weiße, eher unscheinbar steht er am Rande. Wichtige Regierungsentscheidungen blieben bei aller Zurückhaltung im Auftreten den Residents und ihren Vorgesetzten in Kalkutta und Delhi vorbehalten, und von ihren Berichten hing es ab, ob – mit herzlichen Grüßen des englischen Königshauses – die Maharajas weiter auf gefüllte Privatschatullen zurückgreifen konnten.

Vor hundert Jahren waren die Tage der kriegerischen Rajas also vorbei. Anstatt ihre Nachbarstaaten zu überfallen und die Briten zu ärgern, langweilten sich die meisten indischen Könige – und lenkten sich bei Jagdgesellschaften ab. Aus heutiger Sicht ein monströser Zeitvertreib, denn durch sie wurde das Artensterben stark befördert: An vielen Palastwänden verstauben noch heute ausgestopfte Tiger- und Löwenköpfe. Ihren verschwenderischen Lebensstil finanzierten die Rajas mit dem Geld der Kolonialherren. Als Gegenleistung trugen sie ihren Teil dazu bei, das Volk ruhig zu stellen, indem sie die traditionellen Hierarchien aufrecht erhielten. Diese Liaison mit den Briten wird dem Adel Indiens bis heute in national gesinnten Kreisen vorgehalten. Umso wichtiger sind den Nachkommen der Könige von damals auch kleine Zeichen von Widerstand. „Dieser Stuhl", sagt Singhji und hält kurz auf dem kilometerlangen Rundgang durch das Palastmuseum an, „wurde dem Urgroßvater des jetzigen Maharanas als Einladung zum Delhi-Darbar geschickt." Er zeigt auf einen Sessel mit dem Wappen der Sisodias, der hinter einer Absperrung langsam einstaubt und an die große Versammlung, den *Darbar*, erinnert, die der damalige Kaiser von Indien 1911 in der gerade neu entstehenden Hauptstadt seiner Kolonie abhielt. „Dort hätte der Maharana König Georg V. seine Ehrerbietung machen müssen. Aber er ist nicht hingefahren!" Die Geschichte erzählt Singh

mit so viel Stolz, als sei der geschwänzte Staatsbesuch
der erste Schritt zu Indiens Unabhängigkeit gewesen.
Eine Jahreszahl, an die sich fast kein Angehöriger
des indischen Adels gern erinnert, ist 1971. Nach der
Unabhängigkeit hatte der indische Staat mit großzügig bemessenen Pensionen und Privilegien für das
Wohl seiner Fürsten gesorgt. 1971 strich Premierministerin Indira Gandhi diese Unterstützung. Die
früheren Herrscher konnten nur noch über die Paläste verfügen, in denen sie wohnten. Die Sommer-
paläste, Burgen und Jagdschlösschen gingen meist in
Staatseigentum über, was für weniger bekannte Bau-
denkmäler der Beginn langsamen Verfalls bedeute-
te. Solche Gebäude haben oft nur dann eine Chance,
wenn ein Nachfahre der früheren Hausherren seine unternehmerische Ader entdeckt und sie für den
Tourismus wieder instand setzt.
In Udaipur funktioniert das anscheinend nicht
schlecht. Im Pichola-See vor dem Stadtpalast liegt
südlich vom Lake-Palace-Hotel eine zweite Insel, Jag-
mandir Island. Auch auf ihr befindet sich eine kleine
Schlossanlage mit Garten, doch bis vor wenigen Jahren war sie ein von Unkraut überwuchertes Ruinen-
feld. Diesmal treffe ich dort Lakshyaraj, den Sohn und
voraussichtlichen Nachfolger von Arvind Singh. Im
Vergleich zu seinem Vater, der mit seiner tiefen Bass-
stimme und dem majestätischen Vollbart in jedem
Historienfilm einen seiner Ahnen spielen könnte, hat
der Sohn auch äußerlich den Wandel zur Moderne
vollzogen. Mit Sonnenbrille, Designerjeans und kurz
rasiertem Wangenbart wirkt Lakshyaraj weniger wie
ein Thronfolger, sondern wie ein Yuppie: jung, urban
erzogen und allem Anschein nach mit Geschäftssinn
ausgestattet. Die Insel im Pichola-See ist ein auf große
Hochzeiten spezialisierter Ableger der anderen Pa-
lasthotels, und Lakshyaraj betreut diesen Teil des Fa-

milienunternehmens mit persönlichem Ehrgeiz. Bevor er zu mir kommt, weist er noch einige Arbeiter an, wie sie Dekorationen anzubringen haben. „Mir ist es wichtig, diesen Teil unserer Geschichte zu erhalten", sagt er, als wir von einem kleinen Pavillon auf die hohen Mauern des Stadtpalastes blicken, und genießt einen Moment der Ruhe. Dann klingelt sein Handy – und mit einem ziemlich bürgerlichen Handschlag verabschiedet sich der Prinz.

Denkmalschutz ist nur eine der Aufgaben, die die alten Fürstenhäuser im indischen Leben übernommen haben. Die indischen Adligen haben auch ihren Platz in den religiösen Traditionen ihrer Länder – und diese Rolle gaben sie nicht zusammen mit dem politischen Einfluss ab. Arvind Singh von Mewar legt heute sogar besonders viel Wert darauf, die religiöse Seite seiner Legitimation zu betonen. „Die Maharana von Mewar sind nie Herrscher gewesen", wirft Singhji ein, als wir über die Sisodias sprechen. „Der Herrscher ist der Gott Eklingji, der ihnen die Macht als Treuhänder überträgt." Der Tempel des Shiva-Eklingji liegt ein paar Kilometer von Udaipur entfernt und ist seit Jahrhunderten ein wichtiges Pilgerziel. Als ich dem Inhaber eines kleinen Ladens in der Altstadt frage, was er denn von der Familie des Maharanas hält, meint der zwar, dass er nicht so viel von den Aktivitäten des Maharana of Mewar Charitable Trust, den Arvind Singh ins Leben rief, bemerkt. „Aber Shriji", sagt der kleine Unternehmer und benutzt den Ehrentitel des Fürsten, „Shriji ist als Geschäftsmann wichtig für die Stadt – und als Nachkomme seiner Vorfahren wichtig für Eklingji und alle, die an ihn glauben." Viele Rajas spielen eine Rolle bei religiösen Ritualen und Prozessionen, die durch ihre Städte führen: Das ist in Benares in Nordindien nicht anders als in Mysore im Süden, wo der Wodeyar-König in jedem Jahr das neuntägige Dasara-Fest mit einer Puja eröffnet und während der Feiern in seinem prächtig erleuchteten Palast einen Darbar abhält. Die Versammlung hat heute allerdings keine politische Funktion mehr.

Viele Angehörige der Adelsschicht engagieren sich auch in der Politik – aber nicht mehr als Monarchen, sondern als demokratisch gewählte Volksvertreter. Im Gegensatz zu Filmstars, die sich zu Ministern wählen lassen[1], scheint das ganz gut zu funktionieren. „Der Unterschied ist der", erklärte mir Vimal, der Fotograf, seine Sicht der Dinge, „für einen Schauspieler ist ein Amt ein Weg, möglichst viel Geld zu machen. Ein Maharaja will auch Geld machen, aber er muss auch darauf achten, dass seine Wähler ihn und alle anderen, die seinen fürstlichen Namen tragen, nicht aus der Stadt jagen."

Ein enges Verhältnis zwischen Fürst und ihren früheren Untertanen erlebt man in der unteren Ebene der Hierarchie wohl eher als auf der der Maharajas. Auch das kleine Fort von Bassi, nicht weit von Udaipur, hat der dortige Thakur zu einem Heritage-Hotel umgebaut. Bassi selbst ist ein kleiner Ort, eigentlich nur ein Dorf – hier sind viele Straßen noch nicht asphaltiert und alles wirkt ein wenig verschlafen. Am Nachmittag des Aufenthalts kommen auf der Terrasse des kleinen Schlosses einige Männer in Dhotis – zu Hosen gewickelte Stoffbahnen – zusammen. Vom Hoteldiener bekommen sie Tee, und schließlich gesellt sich der Thakur von Bassi hinzu, scherzt und diskutiert mit der Gruppe. „Was waren denn das für Leute vorhin", frage ich ihn später, als wir am gleichen Ort bei einem kühlen Glas Bier am

---

1 Siehe Kapitel „Vier Stunden, zwei Pausen, eine andere Welt".

Lagerfeuer sitzen. „Oh, das war der *Panchayat*, der Gemeinderat", antwortet er. Er sei selbst der Vorsteher des Rats, und es sei ihm wichtig, dass seine Kollegen ab und zu bei ihm vorbeischauten: Das Fort sei ja schließlich Teil des Ortes. „Eigentlich ist es ihr Haus", sagt der Thakur mit Blick auf die Flammen.

Der Wandel der Adligen Indiens zur demokratischen Moderne hat eine schöne Nebenwirkung: In diesem früher fast ausschließlich von Männern dominierten Kreis spielen auch die Frauen der Rajas, die Ranis, und die Prinzessinnen, die Kumaris, immer öfter eine bedeutende Rolle. So ist es in Udaipur nicht Lakshyaraj, sondern seine Schwester Padmaja, die sich mit mir trifft, um mir ein paar Informationen zu dem Unternehmen ihrer Familien zu geben. Zusammen mit ihrer älteren Schwester Bhargavi leitet sie für ihre Eltern die Hotelgruppe. Padmaja, nicht einmal dreißig Jahre alt, hat sich in den USA im Hotelfach ausbilden lassen und tritt so selbstbewusst wie charmant auf. Dass sich die weltgewandte Kumari irgendwann einmal in den Schatten eines Ehemanns stellen lässt, ist ziemlich unwahrscheinlich und ähnlich unvorstellbar wie der Gedanke, dass Padmaja irgendwelche Gäste in Pantoffeln begrüßen würde.

Goa ist keine Insel

„Diesen Winter machen wir Urlaub auf Goa!" Vor-
freude spricht aus den Augen meiner Bekannten in
Heidelberg, die zum ersten Mal nach Indien will.
Ihren Versprecher – Goa ist keine Insel! – habe ich
schon einige Male gehört. Ich kann den Irrtum nachvollziehen. Touristen lernen oft nur die Strände von
Indiens kleinstem Bundesstaat kennen. Beides – Touristen und Badestrände – gibt es in Goa verglichen
mit anderen Gegenden Indiens viel. Nur Agra mit
seinem Taj Mahal ist seit noch längerer Zeit ein aus-
gewiesenes Ziel des Fremdenverkehrs in Indien.
Kein Wunder, dass Fernwehgeplagte Goa und Feri-
eninseln wie Mallorca oder Teneriffa in einem Atem-
zug nennen. Und ein Aufenthalt in Goa lässt leicht
den Eindruck aufkommen, eigentlich nicht auf dem
Subkontinent zu sein.
Die Ersten, die in großer Zahl Goa als Reiseziel
wählten, kamen in den Sechzigerjahren. Ein paar
junge Leute mit der Sehnsucht nach einem freien Leben entdeckten die Strände für sich, und bald eilte
der früheren portugiesischen Kolonie ein besonde-
rer Ruf voraus: In Goa, hieß es, wird das Leben nach
anderen Maßstäben gelebt. Keine autoritären Traditionen, kein Muff von Tausend Jahren. Manche der
Gründe, weshalb Goa die Leute mit den langen Haaren damals begeisterte, kann ich gut nachvollziehen:
Die Goaner sind ein gastfreundliches, weltoffenes
Völkchen, das Essen kostet nicht viel und schmeckt
toll, und schlafen kann man – wenn nicht gerade Re-
genzeit ist – zur Not auch unter den Palmen in einer der Buchten mit strahlend weißem Sand. Den
eigentlich schon vollkommenen Sternenhimmel ver-
schönerten sich viele der Aussteiger noch durch au-

ßergewöhnliche Rauchwaren. So etwas wie Drogenfahndung gab es in dieser Frühzeit des Tourismus
in Goa kaum.

Der Ruf des Hippieparadieses mit rund 100 Kilometern Küste eilte Goa noch nach, als die letzten
Make-love-not-war-Aufnäher längst in der Altklei-
dersammlung verschwunden waren. Ende der Achtzigerjahre erreichten die Sandstrände neue Besu-
cherwellen. Die wollten nicht die Welt verändern,
aber die Nacht zum Tag machen: Auf Full-Moon-
Partys brachten die wummernden Bässe der Tech-
nobeats die Palmen zum Zittern und die Köpfe zum
Rauschen. In Berlin tanzten die Raver in Kellern –
in Indien die Goa-Trancer unter dem Sternenhimmel, der schon den Hippies so gefallen hatte. Auf den
Neujahrs-Raves in Anjuna bewegten sich zehn- bis
fünfzehntausend Tänzer zu psychodelischer Tech-
nomusik. Die DJs standen anfangs häufig nicht am
Plattenteller, sondern bedienten Kassettenspieler,
denn Vinylscheiben waren in Indien kaum zu bekommen und zu schwer, um sie mitzubringen. Es
legten keine Inder auf, sondern Deutsche, Engländer
und auch Israelis. Rauchwaren waren auch zu haben,
wurden aber eher eingesetzt, um von den zuvor ein-
geworfenen Pillen wieder herunterzukommen.

Viele der ersten westlichen Touristen kamen auf Hip-
pietrails mit dem VW-Bulli über den Iran und Nepal
nach Goa. Die Techno-Raver hatten da einen klaren
Vorteil: Seit Mitte der Achtzigerjahre landeten euro-
päische Charterflugzeuge auf dem Flughafen Dabo-
lim. Bis vor rund dreißig Jahren kamen jedes Jahr
rund 33 000 Reisende aus dem Ausland, heute sind
es etwa 200 000 – zusätzlich zu etwa zwei Millionen
Erholungssuchenden aus anderen Teilen Indiens.
Das sind deutlich mehr Besucher als Goa Einwohner
zählt. Zwar hat die Landesregierung früh verboten,

Hotels höher als die Palmwipfel an der Strandli-
nie zu bauen. Betonburgen wie an der Costa Brava
gibt es deshalb keine. Aber sonst erinnern die Strände bei den Dörfern Colva und Calangute während
der Hauptsaison, im Dezember und Januar, an die
beliebtesten spanischen Ferienorte der Deutschen
und Briten: Es ist ein bisschen eng, und die gün-
stigen Preise der Hippiezeit sind vergessen. Bei Last-
Minute-Angeboten spielt es dann für viele auch keine Rolle mehr, ob Goa nun eine Schwesterinsel von
Malle ist oder nicht: Hauptsache zwei Wochen Voll-
pension, warmes Meer, kein Stress. Urlaub auf Goa.
Doch ein Goa als marihuanavernebeltes Hippiepa-
radies, ewig während Loveparade und billige Bet-
tenburg – wenn es denn je so war – sucht man heute
vergebens. „Ich will solche Leute nicht mehr. Ich will
keine Rucksacktouristen aus Deutschland, ich will
keine russischen Gruppen auf Pauschalreise und ich
will keine partysüchtigen Israelis in meinem Hotel",
sagt mir der Manager eines Ressorts genervt.
„Warum keine Rucksackreisenden?", frage ich ihn er-
staunt, denn noch wenige Jahre zuvor war Vagator
eins der beliebtesten Backpackerziele.
„Die wollen kein Geld ausgeben", antwortet er.
„Und warum keine Russen?", frage ich weiter, denn
russische Touristen, erzählte mir ein anderer goa-
nischer Tourismusmanager, sollen die Rubel in Rollkoffern nach Indien bringen.
„Wenn Russen auschecken, muss ich ihre Zimmer re-
novieren. Weil sie pauschal gebucht haben, meinen
sie, dass ihnen auch die Nachttischlampen gehören",
behauptet der Hotelier. Das mit den prall gefüllten
Rollkoffern stimmt wohl also doch nicht. „Und die
Raver nehmen alle Drogen", fügt er hinzu. Dann
nimmt er mich mit zu einem kleinen Pavillon hinter
dem Swimmingpool, in dem gerade ein paar Bauar-

beiter Fliesen verlegen. „Das ist mein neues Jacuzzi",
sagt er und zeigt auf ein ovales Loch im Boden, etwa
zwei Meter im Durchmesser, aus dem ein Sprudelbad
werden soll. „In zwei Wochen ist Eröffnung." Das ist
schwer zu glauben. Doch auch wenn es länger dauern sollte, das Ziel des Hotelmanagers ist klar: Well-
nesstouristen sollen sich hier wohlfühlen, im Neben-
zimmer werde er noch Platz für *Ayurvedic Treatment*
schaffen – Massagen, Duftölbehandlungen, ein Heil-
kundler aus Nepal soll in der Saison eigens in sein
Hotel kommen. „Die bleiben zwei Wochen und machen keinen Ärger", hofft der Manager.
Es sind nicht nur Vorurteile bestimmten Nationali-
täten gegenüber und schlechte Erfahrungen mit manchen Ausprägungen von Tourismus, die ein Umden-
ken in Goas Fremdenverkehrsbranche eingeleitet
haben. Tatsächlich machen sich viele Goaner ange-
sichts des Massentourismus Sorgen um die Zukunft
ihres Landes – und um ihre nationale Identität. Wie
viele Inder sind die Goaner stolz auf ihre Herkunft
und das, was sie von den anderen Menschen im Land
abhebt. Goa war die größte Kolonie auf dem Subkontinent, die nicht unter britischem Einfluss stand. Die
Portugiesen errichteten hier lange vor den Inseleuro-
päern eine erste Niederlassung, und Velha Goa – Alt-
Goa – hatte einst mehr Einwohner als zur gleichen
Zeit London. Anders als die Briten scheuten sich die
Portugiesen nicht, mit den Menschen, die sie bei ihrer
Ankunft vorfanden, zusammenzuleben: Ehen zwischen Kolonisten und Inderinnen waren üblich. Das
Ergebnis ist ein nicht zu übersehender südeuropä-
ischer Einschlag in vielen goanischen Gesichtern, die
zu Indern mit portugiesisch klingendem Nachnamen
gehören: So wie hierzulande Meiers und Müllers die
Telefonbuchspalten füllen, so mächtig ist in Goa das
Heer der Da Silvas und Fernandes'. In vielen Fami-

lien sprechen zumindest noch die Alten Portugiesisch
– Goa gehörte bis 1961 zu der früheren Großmacht –,
und Häuser, die vor einem halben Jahrhundert und
früher gebaut wurden, können mit ihren Terrassen,
bunten Fenstern, Holzschnitzereien und hübschen
Säulenportalen ihre europäischen Vorbilder nicht ver-
leugnen. Die 450-jährige portugiesische Fremdherr-
schaft hat aber auch eine Kehrseite. Die Kolonisatoren
zwangen die Goaner, den christlichen Glauben anzunehmen und beuteten sie aus. Die Inquisition verfolgte bekennende Hindus und Muslime. Mehr als jeder vierte Einwohner Goas ist Katholik, der Anteil ist
dem Augenschein nach höher. Das liegt an den vielen strahlend weißen Kirchen, die meist in kolonialer
Zeit zwischen die Palmen gestellt wurden – und daran, dass gerade Goaner, die viel Einfluss im öffentlichen Leben haben, aus alten Familien stammen, die
schon seit Generationen christlich sind. Wegen dieser
Vergangenheit betonen die Goaner für sich, bei allen
Besonderheiten ihrer Heimat, ihre Zugehörigkeit zur
indischen Nation.

„Give Goa back to the Goans!", lese ich Ende 2008
auf einem Plakat am Busbahnhof von Panjim, der
Landeshauptstadt. Nicht nur auf einem Plakat – auf
Dutzenden. Sehr diszipliniert stellen sich ein paar
Hundert Teenager mit den Transparenten in einer
Zweierreihe auf. Die Mädchen tragen die üblichen
langen farbenfrohen Blusen mit noch längeren Schals
über der Brust, viele haben Schuluniformen an. Wären da nicht die Polizisten mit den Lathis[1] und die

---

1   Lathi: lange Holzstange. Ein Lathi-charge ist ein Po-
    lizeieinsatz mit diesen Schlagstöcken, das Wort wird
    auch als Verb verwendet: „The crowd was lathi-
    charged" ist eine in Indiens englischsprachigen Zei-
    tungen regelmäßig vorkommende Formulierung für
    die gewaltsame Auflösung von Demonstrationen.

Sprechchöre der Jugendlichen, ich hielte es für einen Schulausflug. Ein Mädchen, vielleicht achtzehn Jahre alt, fällt mir auf, als sie die Reihen der Demonstranten ordnet, ein paar Anweisungen an ihre Verbündeten gibt und mit einer Polizistin spricht. Was denn hier los sei, frage ich sie. „Oh, wir wollen die geplanten SEZ's verhindern", antwortet sie. „Say-No-to-S-E-Z!", skandieren gleichzeitig gut Hundert Schülerinnen mit aller Kraft und hohen Stimmchen. Als sie sieht, dass ich die Abkürzung nicht kenne, schickt sie mich zu einer Freundin, die etwas älter ist. „Hi, ich bin Sangeeta." In Goa ist es üblich, einander beim Vornamen anzusprechen. Sangeeta hat in den Niederlanden studiert, ist Anfang zwanzig und übernimmt bei der Organisation der Protestierenden, „Youth for Goa", die Aufgabe, die darin eingebundenen Schulen zu koordinieren. Sie freut sich, einem deutschen Journalisten Informationen geben zu können: „SEZ steht für ‚Special Economic Zone' – Sonderwirtschaftszone. Solche Zonen werden nach chinesischem Vorbild in ganz Indien gebaut. Auch bei uns in Goa. Und das wollen wir nicht". Von dem Großprojekt, mit dem die indische Regierung der indischen Wirtschaft den Anstoß zur Entwicklung zur ökonomischen Weltmacht geben will, habe ich schon gehört – beispielsweise von dem Vorzeigeprojekt, der Satellitenstadt von Gurgaon bei Neu-Delhi, die gleich mehrere SEZs vereint[2]. Meist im positiven Sinne: Die Zonen erleichtern ausländischen Investoren den Einstieg in den indischen Markt. Zwar scheinen die Bedingungen für die Arbeiter noch viel zu oft frühkapitalistisch zu sein, doch es entstehen auch viele moderne Arbeitsplätze, die es sonst nicht in Indien geben würde. Sangeeta kennt die Einwände. Während sich der Demonstrationszug langsam in

---

2 Siehe Kapitel „Die Geister von Gurgaon".

Bewegung setzt – die Schüler laufen Hand in Hand zu zweit nebeneinander, ein Pärchen hinter dem anderen –, erläutert sie ihren Standpunkt: „Ja, aber Goa braucht keine zusätzlichen Arbeitsplätze – oder nicht so viele. Es sollen mehr als eine Million neue Stellen durch die SEZs geschaffen werden. Dann müssten wir alle einen zweiten Job annehmen!", grinst sie. Auch in Goa gebe es Arbeitslosigkeit, erklärt sie weiter. Doch sei diese vergleichsweise gering und werde durch den Zuzug aus ärmeren Bundesstaaten, vor allem dem riesigen Nachbar Maharashtra, genährt. Meist seien die Neuankömmlinge ungelernte Arbeiter und – Hindus.

„Stell dir vor: Wenn zu den eineinhalb Millionen Goanern noch eine Million Maharashtris kommen, was passiert dann mit unserem Land? Mit unserer Gesellschaft?", ruft Sangeeta empört aus. Was in Mitteleuropa politisch höchst inkorrekt ist, ist für Indien normal: Fragen der Religionszugehörigkeit sind mit gesellschaftlichen Problemen verbunden. Die Eliten in Goa sind christlich geprägt, und gerade weil Indien eine Demokratie ist, fürchten diese Eliten bei einer Zuwanderung anderer gesellschaftlicher Gruppen um ihren Einfluss – und um ihre Identität.

Ich beobachtete die Proteste von Youth for Goa und einigen verbündeten Initiativen noch einige Monate weiter. Sangeeta war übrigens nicht die einzige Aktivistin, die dabei eine wichtige Rolle spielte. Goanerinnen sind sehr selbstbewusst! Die Pläne, Sonderwirtschaftszonen in Goa einzurichten, wurden erst einmal eingefroren: ein schönes Beispiel für die demokratische Mitbestimmung in Indien. Unsicher bin ich mir allerdings darin, ob es auch ein gutes Exempel für Solidarität in der indischen Gesellschaft ist.

Die Gespräche mit Sangeeta – es folgten noch einige weitere Treffen – lassen mich die Tourismusindu-

strie Goas mit anderen Augen sehen. Im Rahmen
der damals laufenden Reisebuchrecherche stieß ich
immer wieder auf Meinungen wie die des Hotelmanagers, der genug von seinen früheren Gästen
hatte. Die Goaner, von den Protestlern von Youth
for Goa bis zum einfachen Privatmann, betonen,
dass ihnen die Rolle des Tourismus für die Wirtschaft des industriell nicht besonders entwickelten
Landesteils bewusst ist. Und nicht nur als Einnah-
mequelle sind Gäste willkommen, Gastlichkeit ist
Teil des goanischen Charakters. Das erlebt man,
wenn man nicht nur im überlaufenen Colva[3] bleibt,
immer wieder aufs Neue. Nicht zuletzt, wenn es
ums Feiern geht – spätestens da merkt man, dass
Goa nicht nur den Touristen zuliebe den Alkoholausschank mit für Indien ungewöhnlich wenigen
Beschränkungen erlaubt.

In einem guten Reiseführer sollten auch ein paar
Tipps zu Orten stehen, wo man gut feiern kann.
Bei der Recherche im Jahr 2008 wollte ich mich vor
dieser Herausforderung nicht drücken und machte
mich auf die Suche nach den wildesten Partys. In Indien so richtig abtanzen, warum nicht? Das ernüch-
ternde Ergebnis vorab: Die große Full-Moon-Party
am offenen Strand fand ich nicht. Von denen, die
ich danach fragte – Barbesitzer, Fischer, Hotelmanager und viele Backpacker, die so aussahen, als hätten sie Spaß am Tanzen –, zuckten die meisten die
Schulter, schickten mich zum nächsten Strand oder
nuschelten etwas von „Police" und „forbidden". Sah
ich zu spießig aus? Ein älterer Israeli, der mit seiner

---

3   Nahe des Orts Colva liegt ein wunderschöner Strand.
    Hier war einer der ersten Plätze in Goa, an dem Hotels
    für Pauschaltouristen entstanden. Heute bietet Colva
    Beach alle Vor- und Nachteile eines Ortes mit langer
    Tradition als Reiseziel.

Hero[4] am gleichen Straßenkiosk hielt, um sich eine Flasche Benzin zu kaufen, nahm mir wenigstens diese Sorge: „Goa hat sich schon sehr verändert", sagte er, während er die rosa Flüssigkeit in seinen Tank gluckern ließ. „Die meisten Orte, die früher für die lautesten Partys der Welt bekannt waren, werden nun um zehn dicht gemacht. Du fährst die ganze Nacht mit deinem Bike, bis du irgendwann einen Club findest, der der Mafia gehört, sodass es sich der Wirt leisten kann, die Bullen zu bestechen, und länger aufhat." Tatsächlich sind heute Partys mit lautsprecherverstärkter Musik nur bis zehn Uhr abends erlaubt, 2008 erließ der Fremdenverkehrsminister sogar ein Verbot für alle Feiern auf öffentlichem Grund. Zunächst begründeten die Behörden die Verbote mit dem Kampf gegen Drogen, nach den Anschlägen von Bombay Ende November 2008 sollte die Maßnahme die Gefahr neuen Terrors senken. Ein Club im Süden Goas setzt seinen Gästen Funkkopfhörer auf, um die Regelung zu umgehen, doch sonst wird das Gesetz akzeptiert. Die Goaner scheint die Einschränkung des Tourismus wenig zu stören. Die Erklärung ist einfach: Man freut sich in Goa über Gäste, hat aber kein Interesse an einem Massentourismus, der mehr Probleme als Nutzen bringt. Viele Resorts und Hotels werben mit gut gefüllten Swimmingpools, doch auf der Straße

---

4 Scooter, also Motorroller und kleine Motorräder wie die Hero Honda, gehören in Goa zu den bevorzugten und unfallträchtigsten Fortbewegungsmitteln. Die kurzen Distanzen des Landes lassen sich mit ihnen ganz gut überwinden. Nicht nur Tankstellen verkaufen Kraftstoff – auch am Kiosk oder über ein am Straßenrand aufgestelltes Brett handeln geschickte Kleinhändler, darunter viele Jugendliche, mit Benzin, abgefüllt in alte Plastik-Wasserflaschen.

vor dem Eingang steht eine Schlange mit eimerbe-
wehrten Leuten vor einem Tanklaster, weil die Was-
serversorgung für die Privathaushalte regelmäßig
zusammenbricht. Stromausfälle sind an der Tagesordnung. Nicht nur ausnahmsweise, wenn das Netz
überlastet ist. In weiten Teilen Goas, wie in vielen
anderen Gegenden Indiens, drehen die Elektrizi-
tätswerke den Bürgern zu bestimmten, vorher fest-
gelegten Tageszeiten den Saft ab. Die Touristen in
den großen Hotels merken davon nichts, entweder
weil die Unternehmen sich den Strom reserviert haben, oder weil rechtzeitig die Generatoren in einem
Schuppen vor dem Haus anlaufen. Müll und Umweltverschmutzung bringen weitere Probleme. Das
Land hat zu wenig Fläche, als dass man die Abfäl-
le aller Gäste – noch einmal: über zwei Millionen
jährlich – einfach irgendwohin kippen könnte. Im-
mobilien- und Grundstückspreise hatten vor der Fi-
nanzkrise ein Niveau erreicht, dass es Alteingeses-
senen selbst mit einem Gehalt westlichen Standards
schwer machte, Wohnungen zu kaufen. Mit harten
Drogen und ihren Konsumenten will ein Goaner
erst recht nichts zu tun haben.

So wie die protestierenden Schüler und Studenten
von Youth for Goa ihr Land vor zu schnellen wirt-
schaftlichen und kulturellen Veränderungen schützen wollten, so sehr ist vielen Goanern an einem
„sanften" Tourismus gelegen. Wenn die Strände dabei etwas ruhiger werden, warum nicht.

Allerdings: Gefeiert wird in Goa auch heute noch.
Das Verbot für Musik ab zehn Uhr abends betrifft
Privatgrund nicht, auch sonst gibt es anscheinend einige Ausnahmen. Gut möglich, dass diese, wie der
Israeli auf dem Motorrad vermutete, häufig durch
eine spontane Spende zustande kamen. Die Polizei
in Goa hat keinen guten Ruf. Besonders das tragische

Schicksal der 15-jährigen Britin Scarlett Keeling, die Anfang 2008 bei Anjuna unter Drogen gesetzt, vergewaltigt und ermordet wurde, lenkte internationale Aufmerksamkeit auf die Zustände bei den Polizeibehörden. Die britischen Medien verdächtigten die Beamten, die Ermittlungen zu verschleppen. Ein schöner Superlativ, der in Verbindung mit dem Thema Korruption durch die indische Presse ging, lautet, dass Goa für Beamte, sie sich versetzen lassen wollen, bei der Angabe eines Zielortes ganz oben auf der Wunschliste steht. Nirgends seien die Bestechungsgelder höher. Vielleicht ist dies nur erfunden – glaubhaft ist es allemal. Baugenehmigungen, Drogenhandel, Lizenzen für Alkoholausschank: Sich für diese Dinge das Wohlwollen von Polizei und Behörden zu sichern, ist vielen Leuten eine Extrazahlung wert.

Zwei Gesetzeshütern Goas begegne ich eines Abends in Arambol im Norden Goas. Ich schlendere im Dunkeln durch den Sand zurück zu meiner Pension, über mir der Sternenhimmel, links dunkel der Palmenwald, rechts leuchten weiß die Schaumkronen der Wellen. Plötzlich sehe ich vor mir zwei Schatten, die auf mich zukommen. Als sie näher kommen, schaltet einer der Männer eine Stablampe an und richtet sie direkt auf mich. Was für ein Angeber, denke ich – da ruft einer der beiden: „Hello Sir, stop please – police". Die beiden sind in Zivil gekleidet, zeigen aber zwei Plastikkarten vor, die ich im Schein ihrer Taschenlampe als Lichtbildausweise erkenne, auf denen auch etwas von Polizei zu lesen ist. Beide erklären mir dann sehr höflich, aber bestimmt, dass sie eine Drogenfahndung durchführen – und erst meine Personalien aufnehmen und mich dann durchsuchen werden. Ob ich irgendwelche Drogen mit mir führe? Wenn ja, solle ich es jetzt sagen, denn sollte später doch etwas gefunden werden, würde dies noch größere Probleme nach sich ziehen.

Der sachliche Ton hat mir inzwischen klar gemacht, dass dies kein Scherz ist. Es ist dunkel, ich bin allein auf diesem Strand, sie sind zu zweit – also verhandele ich nicht lange. Es folgt eine genaue Durchsuchung aller meiner Taschen bis hin zu meinem Bauchgürtel, in dem ich meine Kreditkarten und eine ziemlich geringe Summe Geld unter der Kleidung mit mir führe. Bevor einer der beiden in eine Tasche greift, fragt er jedes Mal, ob darin etwas Spitzes sei, und meine Geldbörse und den Gürtel untersuchen sie direkt vor meinen Augen. Was mache ich, wenn einer der beiden mir irgendetwas zusteckt? Wenn sie mir meine Papiere oder meine Kreditkarten klauen? Plötzlich nickt mir der Zivilfahnder zu, „sorry for the inconvenience", und wünscht mir noch einen schönen Aufenthalt.

So positiv in der Rückschau auffällt, dass die Polizisten nicht einmal versuchten, mir irgendetwas abzunehmen oder unterzujubeln: Das Erlebnis gehört zu den wenigen üblen Erfahrungen, die ich in Indien gemacht habe. Für einen Urlauber wäre dies vielleicht der letzte Abend seiner Reise gewesen. So richtig begriff ich erst, was passiert war, als mir mein Wirt Ian beschrieb, wie es hätte laufen müssen: „Zuerst einmal – das Visum in deinem Pass zeigt, dass du Gast dieses Landes bist. Das sollte dich eigentlich vor Nachstellungen schützen", sagt der Mann, selbst ein Einwanderer aus Australien, der sich hier niederließ. „Hat es aber nicht", fährt er fort. „Gut, nehmen wir an, die beiden hatten einen begründeten Verdacht, vielleicht haben sie jemand anderen gesucht, der so ähnlich aussieht. Dann sollen sie dich hierher zum Hotel begleiten und dich wie zivilisierte Menschen bei Licht befragen." Bei den letzten Worten wird er so laut, dass die anderen Gäste zu uns herüberschauen. „Sag mal, die wollten wirklich nichts von dir? Than there's hope for this country – dann besteht ja noch Hoffnung für dieses Land. Dafür geb' ich dir einen aus", tröstet Ian mich schließlich. Ich nehme dankbar an und beschließe, das Erlebte möglichst schnell abzuhaken.

Sollten Nachtpatrouillen wie die, deren Opfer ich wurde, vor allem abschreckend wirken, dann erfüllen sie ihren Zweck. Einige Tage zuvor war ich, immer auf der Suche nach einer Full-Moon-Party, einem Tipp nach Chapora gefolgt. Das Dorf am Fuß eines Festungshügels, nicht weit von dem früheren Goa-Trance-Zentrum Vagator, sei immer noch ein Anziehungspunkt für späte Hippies und nimmermüde Raver. Als ich meinen Scooter durch die kleine Hauptstraße mit zwei- oder dreigeschossigen Häusern lenke, sehe ich ein paar Westler an einem Chai-Stand unter einem Baum sitzen. Bunte Klamotten, Rastas, Sieben-Tage-Bärte – ich bin am Ziel. Große Heiterkeit bricht aus, als ich nach Partys frage. „Geh doch mal da rüber, vielleicht hat der noch Platz im Bus", sagt ein Typ mit Kopftuch und Sonnenbrille und zeigt auf die andere Seite des Platzes. „Nee, bleib hier", ruft eine Frau mit asiatischen Gesichtszügen und amerikanischem Akzent, „oder willst du mit nach Maharashtra?" Wie? In den nächsten Bundesstaat? Sofort? „Nee, nicht sofort, gleich!" Die Trance-Hippies warten auf einen Bus, der sie nach Maharashtra bringt – zur Party. Ein handgeschriebenes Plakat im Schaufenster eines ausgeräumten CD-Ladens kündigt das Line-up an: Shai aus den USA, Tom aus Schottland, „Micheal" aus Italien und noch eine Handvoll andere sollen auflegen. Heute Abend. Wo? „In Maharashtra – der Busfahrer weiß schon wo", lacht der Typ mit der Sonnenbrille. Nach den Erfahrungen in Goa wollen

die Feierwilligen wohl nicht das Risiko eingehen,
dass die Polizei vor ihnen auf der Party eintrifft.
Ich beschließe, lieber die Palmen Goas zu genießen. Die Zeit der großen Full-Moon-Partys in Goa
scheint vorbei zu sein. Vielleicht kein so großer Verlust, denke ich mir, als ich mit ein paar anderen um
ein Lagerfeuer sitze und ein kühles Bier von einem
Tischchen neben mir nehme. Die Sterne über mir
kommen ohne den Lärm viel besser zur Geltung.

Lotusblüten, Hände und Atombomben

Rote Fahnen, soweit das Auge blickt. Dutzende Männer, die alle die gleichen weißen Hemden tragen, halten Plakate mit Hammer und Sichel in die Höhe. Unser Bus muss wie alle anderen Autos kurz anhalten, zu viele Leute haben sich um die mit rotem Stoff überzogene Bühne am Straßenrand versammelt. So werde ich Zeuge, wie der Redner auf dem Podest jemandem ein Zeichen gibt – und die Melodie der Internationale erklingt. Wird hier ein Geschichtsfilm gedreht? Nein, es ist Wahlzeit in Kerala. Dieser Bundesstaat teilt mit Bayern zwei Gemeinsamkeiten: Beide Länder liegen im Süden ihres Staates, und in beiden bringen Wahlen nur selten Überraschungen. Allerdings waren das dann auch schon die Ähnlichkeiten: In Kerala erhalten nicht die konservativen Kandidaten die meisten Stimmen, sondern – zumindest bei den Wahlen der föderalen Regierung – die Kommunisten.

Indien ist die größte Demokratie der Welt. Alle fünf Jahre wird das Parlament, die Lok Sabha, gewählt. Bei der Wahl im Jahr 2009 durften 714 Millionen Inder und Inderinnen ihre Stimme abgeben, immerhin 60 Prozent nutzten ihre Chance. Allein die Zahl stellt die Wahlhelfer vor große Probleme: Jeder soll die Möglichkeit haben, seine Stimme abzugeben. Dazu sind mehr als 800 000 Wahllokale nötig. Die werden nicht alle am selben Tag geöffnet: Damit nicht alle Angehörigen des Milliardenvolks gleichzeitig zur Urne gehen müssen, wird die Wahl auf einen Zeitraum von einem Monat verteilt. 2009 waren es fünf Wahltage innerhalb eines Monats, jeder in einem anderen Teil Indiens.

Für die Verteilung der Wahl auf einen so langen Zeitraum sprechen verschiedene Gründe: Einerseits lässt sich die fünfteilige Abstimmung einfacher organisieren als eine einzige riesige. Es ist aber auch eine Frage der Sicherheit. Immer wieder gibt es bei indischen Wahlen Tote. Manchmal durch Unfälle, doch immer noch viel zu häufig durch Anschläge. Bei der letzten Wahl war es eine kommunistische Splittergruppe, die maoistischen Naxaliten, die in einigen Gegenden im Norden und Osten Indiens Wahlhelfer und Wähler töteten. Mehrere Hunderttausend Polizisten und Soldaten sind bei jeder landesweiten Wahl im Einsatz, um die Wähler vor Übergriffen zu schützen – ein Kraftakt für den Staat, der noch schwerer zu bewältigen wäre, würde die Wahl an einem einzigen Tag abgehalten. Der schwache Trost: Immerhin wird die Zahl der Opfer jedes Jahr etwas geringer. 1999 starben etwa 100 Menschen, 2004 gab es noch 45 und 2009 etwa 30 Tote.

Doch so tragisch diese Zahlen sind: In den meisten Gegenden Indiens verlaufen Wahlkampf und Abstimmung gewaltfrei. Versammlungen unter freiem Himmel wie die in Kerala spielen eine große Rolle. Hier stellen sich die Kandidaten dem Wahlvolk vor, und oft sieht es so aus, als sei Folklore wichtiger als das Programm einer Partei. Es geht laut zu auf politischen Versammlungen – eigens engagierte Trommelgruppen sorgen dafür, dass es niemandem peinlich sein muss, die Redner anzufeuern.

Mit Rücksicht auf die vielen Wähler, die nicht lesen können, sind Symbole wichtiger als gedruckte Parteiprogramme. So legen viele Politiker großen Wert auf Erkennungszeichen, die sie von der Masse ihrer Konkurrenten abheben sollen: Der ehemalige Filmstar M. G. Ramachandran beispielsweise, dreimaliger Ministerpräsident des Bundesstaates Tamil Nadu, pflegte eine Vorliebe für dunkle Sonnenbril-

len.[1] Bei einer Wahlkampfveranstaltung in Goa, zu
der ich mich von den wilden Trommelrhythmen hatte locken lassen, wäre ich fast selbst Teil der Politik-
symbolik geworden. Mit einem „Aie, kommen Sie,
Sir, we're international!" und winkenden Gesten
wollte mich einer der Veranstalter aufs Podium holen. Ein Weißer neben dem Kandidaten: Das sieht
doch gut aus. Ich war erleichtert, dass es mir niemand übel nahm, als ich ablehnte.

Die Liebe zu den Symbolen wird auch bei der Selbst-
darstellung der Parteien deutlich: Anders als bei
uns sind grafische Zeichen wichtiger als die Abkür-
zungen der Parteinamen. Jede Partei hat ihr eigenes
Zeichen – manchmal legen sich sogar einzelne Kandidaten eines zu. Ein Elefant, ein Fahrrad, eine Sonne, die hinter einem Bergzug aufgeht – die Symbole
sind einfach und erinnern an die Tafeln, mit denen
ABC-Schützen die Buchstaben lernen. Zu Wahlzeiten
scheinen alle Hauswände voller zum Gruß erhobener
rechter Hände und Lotusblüten zu sein, die die Wähler später neben den Zeichen der Mitbewerber auf
den Stimmzetteln wiederfinden. Die Hand ist das
traditionelle Zeichen des Nationalkongresses (INC),
der die derzeitige Regierungskoalition anführt, die
Lotusblüte das ihrer stärksten Gegenspielerin, der
Volkspartei oder BJP.

Von einem Stimmzettel kann man eigentlich nicht
mehr sprechen: Nicht einmal ein Kreuzchen muss
der Wähler machen, die Wahl geschieht per Knopf-
druck. Die Wahlcomputer sehen wie zu groß geratene
tragbare Spielkonsolen ohne Display aus: Für jeden
Kandidaten eines Wahlkreises gibt es einen Knopf,
drückt man einen, zeigt eine rote Leuchte die Stimm-

---

1   Siehe Kapitel „Vier Stunden, zwei Pausen, eine andere
     Welt".

abgabe an. Über eine Million dieser Geräte sollen bei den allgemeinen Wahlen im Einsatz sein – und auch internationale Wahlbeobachter hatten bisher nichts an dieser Form der Stimmabgabe auszusetzen. Die Wahlkommission zeigt sich übrigens über eines besonders erfreut: Die Aufgabe, ausreichend gedruckte Stimmzettel zum Wahltermin herbeizuschaffen, entfalle nun. Bevor 2004 ausschließlich Wahlmaschinen benutzt wurden, verschlang jede Wahl rund 8 000 Tonnen Papier für die Stimmzettel.

Das Ergebnis indischer Wahlen unübersichtlich zu nennen, hieße die Sache schönzureden. „Ich habe keine Ahnung, von wem wir regiert werden. Aber ich bin mir ziemlich sicher, dass alle Politiker am Ende ihrer Amtszeit besser dastehen als zu Beginn", sagte mir Vimal, als ich mir von ihm die indische Parteienlandschaft erklären lassen wollte. Gut ein Dutzend Parteien stellt die Regierungskoalition, die *United Progressive Alliance* (UPA). Bis vor rund zwanzig Jahren war das anders: Der Nationalkongress, die Partei mit der Hand als Erkennungszeichen, die auf die „Große Seele"[2] Mohandas Karamchand Gandhi und die Gründerväter der Republik um den ersten Premierminister Jawaharlal Nehru zurückgeht, stellte fast durchgehend die absolute Mehrheit. Indien war sozusagen eine Ein-Parteien-Demokratie. Doch mit immer neuen Skandalen und dem Beharren auf einer planwirtschaftlich geprägten Wirtschaftspolitik verlor der Nationalkongress den Ruf, für die Interessen aller Inder zu stehen. Seit 2009 verfügt der Kongress, inzwischen unter Führung der in Italien geborenen Sonia Gandhi,

---

2   Große Seele: Bedeutung des sanskritischen Ehrentitels „Mahatma", mit dem Gandhi bis heute bezeichnet wird. M.K. Gandhi lehnte den Beinamen ab.

zwar wieder über mehr als 200 Sitze in der Lok Sabha – in der Legislaturperiode zuvor waren es noch 61
weniger. Der Regierungschef, Premierminister Man-
mohan Singh, musste dennoch rund zehn Bündnispartner mit ins Boot holen, um die nötige Mehrheit im
Parlament zu erhalten. Dass es so viele sind, liegt an
der Zersplitterung der Parteienlandschaft – die wiederum ihren Grund in der Anwendung des Mehr-
heitswahlrechts und dem regionalpolitischen Charakter der meisten der indischen Parteien hat. In jedem
Wahlkreis gewinnt der Kandidat, der bei einer Wahl
die meisten Stimmen auf sich vereinen kann. So können Lokalmatadoren und Vertreter von Minderheiten,
auch wenn sie nur in einzelnen Regionen stark vertreten sind, in die Lok Sabha gewählt werden.

„Nach der Wahl ist vor der Wahl" – dieser Spruch erhält deshalb in Indien eine ganz neue Bedeutung. Bei
den Koalitionsverhandlungen geraten Parteitagspro-
gramme, Wahlversprechen und Konzepte, die Probleme des Landes anzupacken, sehr schnell in den
Hintergrund. Nach der Wahl beginnt das Geschacher
um Ämter: Die kleinen Koalitionspartner verlangen
Ministerposten und politische Zugeständnisse, um
ihre Klientel zufriedenzustellen. In der Vergangenheit hat sich schon oft gezeigt, dass unter diesen politischen Bedingungen Reformen wie der Abbau von
Subventionen fast unmöglich sind. Was bleibt, sind
ein paar Millionen verwirrte und verärgerte Wähler.

„Stell dir vor, du wählst die Onkels vom INC, weil
du eher konservativ eingestellt bist, ihre Nehru-
Schiffchen[3] toll findest und die BJP nicht ausstehen
kannst", erklärt mir Vimal die Situation bei der Wahl

---

3   Die länglichen Mützen aus gewebtem Baumwollstoff,
    wie sie der erste Premierminister trug, gehören heute
    noch zu der Pflichtgarderobe vieler männlicher Politiker.

2004. „Und kaum sind die Stimmen ausgezählt, lässt sich die Italienerin", Vimal rollt die Augen, als er Sonia Gandhi, die Witwe des früheren Premierministers Rajiv erwähnt, „und dieser Haufen von Parteikadern, der sich Nationalkongress nennt, von den Kommunisten unterstützen. But at least, ev'rybody now knows shine in India doesn't matter", lacht Vimal – immerhin ist jetzt klar, dass in Indien der schöne Schein nicht alles ist. Die BJP, von 1999 bis 2004 die Anführerin einer konservativen Hindu-Regierungskoalition, hatte mit dem Wahlslogan „India Shining" ein echtes Eigentor geschossen. Für ihre Wähler, viele darunter aus den ärmsten Bevölkerungsschichten, klang es wie Hohn, als die „Volkspartei" in ihrer Kampagne ein Bild eines strahlenden Landes zeichnete. Die Wirklichkeit zeigte dem Wahlvolk jeden Tag Wasserknappheit, marode Straßen und Massenarmut. Entgegen aller Prognosen wurde die BJP abgewählt.

Die Kommunisten, die den Nationalkongress in der letzten Legislaturperiode die Rückkehr zur Macht ermöglichten, sind nicht mit der Militia der Naxaliten zu verwechseln, die mit ihren Anschlägen Wahlen zu stören versuchen. Zu den kommunistischen Vereinigungen Indiens gehört die älteste Partei Indiens, die CPI. Geht man nach der Zahl der Sitze im Parlament, ist sie ein politischer Zwerg, doch vor allem im Süden und Osten prägen Kommunisten seit Jahrzehnten die Politik. Im Laufe der Jahrzehnte haben die meisten der Parteien, zumindest auf nationaler Ebene, ihre revolutionären Züge abgelegt. Für den wiederkehrenden Erfolg der Kommunisten in Kerala gibt es verschiedene Erklärungen: Eine recht schlüssige ist, dass viele Wähler im Süden Vorbehalte gegen die großen Parteien haben, weil diese den Ruf haben, nordindisch geprägt und von hindisprachigen

Kreisen dominiert zu sein. Außerdem leben in Kerala, das ein wunderschöner, landwirtschaftlich geprägter, aber bitterarmer Teil der indischen Republik ist, viele Arme, bei denen kommunistische Parolen gut ankommen. Übrigens bleibt es nicht bei Parolen: Kerala hat mit über 90 Prozent die höchste Alphabetisierungsrate des Landes. Noch bemerkenswerter ist, dass die Zahl der Frauen, die lesen und schreiben können, fast so hoch ist wie die der alphabetisierten Männer. Allerdings hängt dies nicht nur mit den Bildungsprogrammen der Politik zusammen, sondern auch mit den Schulen der katholischen Kirche, die in Kerala stark vertreten ist. Für eine Pressemeldung ist die CPI zumindest immer gut: So tauchen die indischen Kommunisten auch in unseren Nachrichten auf, wenn sie sich für die Nutzung frei zugänglicher Software und gegen Monopolisten wie Microsoft starkmachen oder wenn sie den Verkauf von Generika unter Missachtung teurer Patentrechte von internationalen Pharmaunternehmen befürworten. Derzeit treten die Kommunisten als Teil der „Dritten Front" – so der selbst gewählte Spitzname der Oppositionellen – in der indischen Politik auf. Das Bündnis versucht, sich gegen das der BJP und die Koalition um die Kongresspartei zu behaupten. Eine wichtige Partnerin ist die Bahujan Samaj Party, die sich für die Rechte der Unberührbaren, der Dalits, einsetzt und in wenigen Jahren zur drittgrößten Partei Indiens wurde. Ihr wichtigstes Mitglied ist eine Frau, Mayawati Kumari, die aus einer Dalit-Familie stammt. 2007 erreichte sie etwas, das für viele Inder wegen der Kombination ihrer Herkunft und ihres Geschlechts fast so unglaublich gewesen sein muss wie für viele Amerikaner die Wahl Barack Obamas zum ersten schwarzen Präsidenten der USA: Mayawati ist Ministerpräsidentin von Uttar Pradesh, dem bevöl-

kerungsreichsten Bundesstaat Indiens, der mehr als
doppelt so viele Einwohner hat wie Deutschland. Allerdings spielen Frauen aus etablierten Schichten in
der indischen Politik schon seit Langem eine Rolle:
Von der Mitstreiterin M.K. Gandhis, Annie Besant,
über die Premierministerin Indira Gandhi bis zur
derzeitigen Präsidentin Pratibha Patil prägten immer
wieder Frauen auf höchster Ebene die politische Welt
Indiens – leider kein Spiegel des Lebens in weniger
prominenten Bereichen.

Unwahrscheinlich hingegen ist, dass die hindu-kon-
servative BJP in nächster Zeit eine Frau zum Partei-
oberhaupt macht. Ihre Wurzeln teilt die Lotusblüte
der indischen Parteienlandschaft mit einer faschis-
tisch anmutenden Organisation, dem Rashtriya
Swayamsevak Sangh (RSS), kurz Sangh. Diese para-
militärisch organisierte Kampftruppe tauchte zum
ersten Mal im Bewusstsein der Weltöffentlichkeit
auf, als ein von RSS-Mitgliedern angeführter Mob
Ende 1992 eine Moschee in der nordindischen Stadt
Ayodhya abriss. Der vorgebliche Grund: Jahrhunderte zuvor stand an der Stelle des muslimischen
Gebetshauses ein Rama-Tempel. Der Abriss und der
spätere Bau eines Hindu-Tempels am gleichen Ort
war eine gezielte Provokation der muslimischen Gemeinde Indiens. Weit über 1 000 Menschen starben
bei den auf den Abriss folgenden Unruhen. Die religiösen und ethnischen Unterschiede Indiens zum
Wahlkampfthema zu machen, liegt für eine popu-
listisch auftretende Partei allzu nahe. Als die BJP
1998 die Parlamentswahlen gewann, wurde sie zwar
in ihrem Auftreten zurückhaltender, bleibt aber bis
heute ihrer nationalistisch-populistischen Linie treu.
Zwar treten BJP-Politiker nicht als aktive Anführer
von gegen Muslime gerichteten Pogromen auf. Doch

der BJP-Regierungschef von Gujarat, Narendra Modi, schaute im Jahr 2002 einfach weg, während der Mob auf den Straßen des Landes rund Tausend Menschen lynchte. Vorfälle wie dieser, von dem sich Modi bis heute nicht distanziert, prägen das Renommee seiner Partei.

Dabei ist der Hinduismus, dem missionarischer Eifer, religiöse Intoleranz und die Ausübung von Gewalt fremd sind, denkbar ungeeignet als Vorlage für eine solche politische Strömung. Für die Rechte der Frau in der indischen Gesellschaft einzutreten, ist vermutlich das Letzte, was einem BJP-Parteigänger in den Sinn kommen würde. Aber wer weiß, in der indischen Politik ist vieles möglich: Zu den überraschenden Themen ihrer Regierungszeit gehörte die Wiederaufnahme von Gesprächen mit Pakistan. Durch den seit Jahrzehnten schwelenden Kashmir-Konflikt steht der muslimisch geprägte Nachbarstaat faktisch im Krieg mit Indien. In die Regierungszeit der BJP fällt allerdings auch die Profilierung des Staates Indien als Atommacht. 1998 zündete Indien bei Pokaran in Rajasthan, nicht weit von der pakistanischen Grenze, einige ihrer „atomic devices" – zu Testzwecken. Das beunruhigende Ergebnis: Pakistan zog wenig später nach, heute haben sich beide Länder mit Nuklearsprengköpfen und den passenden Raketen ausgerüstet.

Im Jahr nach den Tests traf ich in Maharashtra auf einen Kommunalpolitiker der BJP. Die USA unter Bill Clinton waren sich zu der Zeit noch unschlüssig, ob sie sämtliche Handelsverbindungen zu Indien kappen oder das Land zum Bündnispartner machen sollten. In Pakistan kriselte es, später im Jahr sollte General Pervez Musharraf sich an die Macht putschen. „Wozu braucht Indien eine Atombombe?", fragte ich den Mann, ein jovialer Typ über fünfzig, der seine verbliebenen Haare mit Henna gefärbt hatte.

„Suniye, I got a gun in my house – hören Sie, ich habe zu Hause eine Pistole", antwortete er, eine Stellungnahme, die ich nicht unbedingt von einem Politiker erwartet hätte. Er hielt kurz inne, um zu sehen, ob seine Worte bei mir angekommen waren. „Wenn ein Dieb in mein Haus kommt, werde ich diese Pistole benutzen", fuhr er fort. „Die Atombombe ist Indiens Pistole."

„Soll das heißen, dass Sie dafür wären, die Atomwaffen gegen Pakistan bei einem Angriff einzusetzen?", hakte ich nach. Der Politiker schüttelte den Kopf – in Indien leider ein Zeichen der Bestätigung.

Seitdem wird mir immer ein klein wenig flau im Magen, wenn ich von einem Schusswechsel auf irgendeinem steinigen Gebirgspass in Kashmir höre. Es ist zu hoffen, dass auf nationaler Ebene der Politik die Mehrheit der Volksvertreter schon einmal etwas vom Prinzip der Abschreckung gehört hat, oder dass Nuklearwaffen sich von anderen darin unterscheiden, dass die einzig gewinnbringende Art ihrer Nutzung ist, sie nicht zu benutzen. Aber solange Indien und Pakistan eine „heiße" Grenze haben, kann indische Politik auch für uns zu einer brandheißen Angelegenheit werden.

Die Geister von Gurgaon

Plötzlich ist alles still. Nur noch entfernt ist das Hupen der Rikschas zu hören, die Rufe der Verkäufer und das Knattern der Stromgeneratoren. Ich laufe über den großen Hof, der von den zinnenbesetzten Mauern umschlossen ist, und genieße die Ruhe.

Die Jama Masjid, die Große Moschee, ist ein außergewöhnlicher Ort. Hier versammeln sich jedes Jahr am Ende des Ramadan 20 000 Muslime und mehr, hier verkündeten vor fast 400 Jahren die Vorbeter von Großmogul Shah Jahan dessen Weisungen für das tägliche Leben in seiner neuen Hauptstadt. Für den Kaiser war Shahjahanabad, so taufte er seine Metropole, der Mittelpunkt der Welt. Mit dem Roten Fort, das ein paar Minuten Fußweg von der Jama Masjid entfernt ist, unterstrich er seinen Machtanspruch.

Delhi, die Stadt am Fluss Yamuna, war schon vor Shah Jahan Hauptstadt und Zentrum vieler Reiche. Den Geistern ihrer früheren Bewohner begegnet man auch heute noch auf Schritt und Tritt – man muss nur ein wenig aufmerksam sein[1]. Die letzten Fremden, die von hier aus Indien lenken wollten, waren die Briten. 1911 kündigten sie an, ihre Hauptstadt von Kalkutta in das auf dem Reißbrett geplante „neue" Delhi zu verlegen, südlich des „alten", das sich mit verwinkelten Gassen um die Brunnen, Moscheen und Mauern wie eine Pflanze ausgebreitet hatte. Die Briten hofften, mit breiten Avenuen und viel Grün zwischen den repräsentativen Bauten den Indern, die sich in der ersten Kapitale der Ko-

---

1   Der Historiker William Dalrymple hat in seinem Buch „City of Djinns" (1994) viele solcher Begegnungen beschrieben. Es ist wohl eine der spannendsten Liebeserklärungen, die je einer Stadt gemacht wurde.

lonie, Kalkutta, als sehr aufmüpfig erwiesen hatten,
die Lust am Aufstand zu nehmen. Drei Jahre später
kehrte ein in London zum Anwalt ausgebildeter Gujarati[2] endgültig in seine Heimat zurück. Mohandas
Karamchand Gandhi hatte zu diesem Zeitpunkt
schon in Südafrika gelernt, sich nicht vom Imponier-
gehabe der Briten beeindrucken zu lassen. Als die
Briten ihre Hauptstadt 1931 offiziell einweihten, hatte ihr indisches Kolonialreich, das *Raj,* nur noch wenige Jahre vor sich.

Ausgerechnet die Bemühungen des Mahatma, dessen Name wie kein anderer aus dem vergangenen
Jahrhundert mit Gewaltfreiheit und Toleranz gleichgesetzt wird, mündeten in einer der größten Kata-
strophen der Stadt. Seit den Moguln war Delhi der
Mittelpunkt der muslimischen Gemeinde Indiens
geblieben. Die Briten entschieden 1947 mit ihren indischen Verhandlungspartnern, das britische Raj innerhalb weniger Monate aufzulösen und Indien in
die Unabhängigkeit zu entlassen. Britisch-Indien
und die dazugehörigen Fürstenstaaten wurden in
Pakistan, das sich als Heimat der indischen Muslime
versteht, und in die Republik Indien aufgeteilt. Die
Vermischung aus nationalistischen und religiösen
Überlegungen bei den Staatsgründungen löste eine
Massenflucht aus. Aus Angst vor Verfolgung wan-
derten Millionen von Hindus und Sikhs aus ihrer
Heimat im Nordwesten des Raj und aus dem heutigen Bangladesch über die Grenze in das Staatsge-
biet der Republik Indien, genauso wie viele indische
Muslime sich nach Pakistan aufmachten. Das Rote
Fort in Delhi war ein Flüchtlingslager, und es gibt

---

2   Gujarati: Bewohner des Bundesstaats Gujarat an der
    Westküste Indiens, entsprechend: Bangladeschi, Pun-
    jabi usw.

Erzählungen von Zügen, die auf ihrer Fahrt durch die Grenzgebiete Richtung Delhi überfallen worden waren und voller Tote in der Hauptstadt eintrafen.

Die Tage des gegenseitigen Massenmords sind lange vorbei, doch sie haben Alt-Delhi verändert. Fast über Nacht wurde Alt-Delhi zu einer mehrheitlich von Hindus und Sikhs bewohnten Stadt. Ich trete aus dem Tor der Jama Masjid auf die Straße, die eigentlich ein riesiger, langgestreckter Basar ist. Die Häuser an den Seiten der Straße scheinen nach dem Zufallsprinzip gebaut zu sein, manche Fassaden sind fast ganz von Werbetafeln verdeckt. Bunte Saris, hellblaue Schuluniformen und immer wieder weiße Kopfbedeckungen von männlichen Muslimen wirbeln auf dem Markt durcheinander. Nach wie vor ist das Viertel rund um Jama Masjid und Rotem Fort von Muslimen geprägt. „Sehr viele von den Muslimen hier sind Flüchtlinge", erklärt mir ein Herr mit einem kurzen Kinnbart, der fast so weiß wie seine Kopfbedeckung ist. „Aber die Flüchtlinge, die vor sechzig Jahren hierherkamen, waren doch Hindus und Sikhs?", frage ich ihn. Abwehrend macht der Mann mit seinem Handgelenk kurze halbe Drehungen: „Nein, ich meine nicht die Punjabi." Viele Neubürger Delhis kamen aus dem nordwestlichen Teil des kolonialen Distrikts Punjab, der heute zu Pakistan gehört. „Ich meine die Flüchtlinge von heute – die Bangladeschi." Das seien zwar Glaubensbrüder, sagt er – aber viel zu tun will er nicht mit ihnen haben. „Garib loog", Habenichtse seien das, die ohne Kultur in die große Stadt kämen. Beschwerden über die Wirtschaftsflüchtlinge aus dem von Naturkatastrophen und Überbevölkerung gebeutelten nordöstlichen Nachbarstaat hört man in Delhi immer wieder. Meist allerdings nicht von Muslimen, sondern von Hindu-Nationalisten. Es ist ein Leichtes, die muslimischen

Zuwanderer, die kaum über eine Lobby verfügen, zu Sündenböcken zu stempeln: Kriminalität, Umweltverschmutzung, selbst die überirdisch teuren Mieten in Delhi, all die in Delhi zweifellos vorhandenen Probleme hängen für die Scharfmacher mit den Neuankömmlingen aus Bangladesch zusammen.

„Meine Großeltern kamen aus Rawalpindi", erzählt mir Vimal eines Tages. Er selbst ist in Delhi geboren, doch in seiner Familie werde immer noch die Erinnerung an die alte Heimat am Leben gehalten. In der Gegend der Stadt nahe der Grenze zum heutigen Bundesstaat Jammu und Kashmir ereigneten sich 1947 besonders blutige Auseinandersetzungen zwischen Hindus, Moslems und Sikhs. Auch Vimal trägt die Kopfbedeckung der Sikhs, einen Turban, unter dem vermutlich ein großer Haarknoten verborgen ist – vermutlich, denn in meiner Gegenwart hat Vimal ihn nie abgesetzt. Sikhs schneiden ihre Haare nicht, sie sind ein Ausdruck der Kraft des Lebens und ihrer Liebe zu Gott. So wie für den Soldaten Kip in der Verfilmung von Michael Ondaatjes „Der englische Patient" ist es für die meisten Sikhs etwas sehr Intimes, anderen ihre Haare zu zeigen.

Als ich Vimal frage, wie denn seine Familie die Teilung überstanden habe, reagiert er zurückhaltend. „Oh, wir leben im Heute – und meine Eltern haben darüber auch nie viele Worte gemacht", sagt er ungewohnt kurz angebunden, sodass ich schnell das Thema wechsele. Ähnlich wortkarg wird Vimal, als ich mit ihm über den November 1984 sprechen möchte. Zwei Angehörige der Sikh-Leibgarde Indira Gandhis hatten die Premierministerin am 31. Oktober ermordet. In den Tagen darauf machte der Mob Jagd auf alles, was die typischen kunstvollen Kopfbedeckungen der Sikhs trug, und wieder gab es mehrere Tausend Tote und Zehntausende Flüchtlinge. Möglich, dass Vimal wirklich nicht viel über diese Ereignisse weiß – vor 25 Jahren ging er in die Grundschule. Vielleicht ist es auch die lange geübte Vorsicht, über manche Dinge lieber nicht zu viel zu reden. Zu leicht könnte sich jemand verletzt oder provoziert fühlen, zu schnell könnten alte Vorurteile über die Vernunft siegen.

Es ist Vimal, der mich zu einer Spritztour vor die Tore Delhis einlädt. „Du darfst nicht nur über die alten Gemäuer schreiben", sagt er mir, als ich nach einer ermüdenden Recherche in der Gegend des Janpath, der Nord-Süd-Achse zwischen Connaught Place und Regierungsviertel mit ihm ein Bier trinke. „Morgen zeige ich dir das neue Indien."

Am nächsten Tag schlängeln wir uns in seinem Auto durch Neu-Delhis vollgestopfte Straßen Richtung Südwesten. Nach einer Stunde Stop-and-go gelangen wir auf eine Autobahn, lassen Mautstationen an uns vorüberfliegen. Vimal zeigt auf einen kleinen Kasten an der Windschutzscheibe, der bei der Durchfahrt per Funk die Mautgebühr abrechnet. Die Landschaft um uns herum sieht aus wie ein kaum bebautes, aber besonders hässliches Gewerbegebiet. Doch dann ändert sich die Szenerie: An der Straße stehen hohe Glaskästen, zehn- und zwanzigstöckige Hochhäuser aus Beton und Stahl. Dann wieder eine Brache, im Dunst dahinter ragen noch mehr Gebäude, offensichtlich Wohnungen, in die Höhe. „Willkommen in Gurgaon!", sagt Vimal. Von den Satellitenstädten, die sich im Zuge der Liberalisierung von Indiens Wirtschaft um Delhi herum explosionsartig entwickelt haben, ist sie die Bekannteste. Vor zwanzig Jahren war Gurgaon noch ein Dorf in der Peripherie der Hauptstadt – heute hat die Stadt, zumindest auf dem Papier, zwei Millionen Einwohner. Viele der Eigentumswohnungen sind Spekulationsobjekte, nicht wenige der gemeldeten Einwohner halten sich vermutlich nicht regelmäßig in der Stadt auf. Zumindest bis 2008 zahlten die, die es sich leisten konnten, in der Hoffnung auf immer weiter steigende Immobilienpreise, fast jeden Preis für Immobilien. Zugleich sorgen günstige Bedingungen für Investoren dafür, dass immer weiter gebaut wird. Gleich mehrere Sonderwirtschaftszonen, die Steuernachlässe und eine nigelnagelneue Infrastruktur bieten, gibt es auf dem Gebiet der Satellitenstadt. Eine weitere, angeblich die größte Asiens, entsteht zurzeit am Stadtrand Gurgaons.

Wir springen vor einem Einkaufszentrum aus dem Auto. Auch hier wird noch gebaut, der Bürgersteig ist unpassierbar, ein zweites Einkaufszentrum, gut sieben Stockwerke hoch, ist noch ganz eingerüstet – mit Bambusstäben, die mit Hanfseilen verbunden sind. „Today's pain is tomorrow's gain"[3] versucht eine Tafel, die in ihrer Farbgebung an deutsche Autobahnschilder erinnert, genervte Konsumritter zu beschwichtigen.

In der eiskalt klimatisierten Mall reihen sich auf mehreren Galerien die Läden. Hinter leuchtenden Schaufenstern verkaufen gestylte Verkäufer westliche Markenkleidung, finnische Mobiltelefone und englischsprachige Filme. Rolltreppen – vor fünfzehn Jahren außerhalb von Flughäfen noch eine Seltenheit in Indien – verbinden die Stockwerke miteinander. Wäre da nicht der unverkennbare Duft indischer Gewürze, der einer ganzen Zeile von Chaat-Ständen[4] entströmt – man könnte glauben, in den USA zu sein, und nicht in einem Schwellenland.

---

3   Angelehnt an das englische Sprichwort „no pain, no gain" – etwa: ohne Fleiß kein Preis.
4   Siehe Kapitel „Essen wie die Götter in Indien".

Konsumtempel wie dieser sind ein wichtiger Wirt-
schaftsfaktor Gurgaons – mehrere Dutzend haben
inzwischen geöffnet. „Whole Delhi is shopping
here", sagt Vimal stolz und blendet diejenigen
kurzfristig aus, die sich von ein paar Rupien täglich ernähren müssen. Eine finanziell noch bedeu-
tendere Rolle spielen die Unternehmen, die sich in
der Trabantenstadt ansiedeln. Viele Logos interna-
tionaler Marken sind an den Glastürmen zu sehen.
Doch dem Augenschein nach sind die Dollars und
Euros der Investoren nicht entscheidend für das
Wirtschaftswunder in Gurgaon. An den Tafeln, an
denen die Mieter der Büroblocks ihre Logos plat-
zieren, sieht man Dutzende indischer Firmenna-
men. Hier programmieren Computerspezialisten
Software, entwerfen Webdesigner die Internetprä-
senz von kleinen und großen Unternehmen in Mitteleuropa. Hier verkaufen englisch- und vereinzelt
sogar deutschsprachige „Berater" in Callcentern
per Internettelefonie Handytarife oder beruhigen
an Hotlines Kunden, die sich beschweren wollen
– ohne zu erwähnen, dass sie nicht von dem Fir-
mensitz ihres westlichen Auftraggebers aus sprechen, sondern sich mitten in Indien befinden. Alles für den europäischen und nordamerikanischen
Markt – für einen Bruchteil dessen, was die Dienst-
leistungen bei uns kosten würden. Auch produzie-
rendes Gewerbe hat sich angesiedelt. Viele Textilien mit dem Schildchen „Made in India" werden
hier zusammengenäht, und auch eine Fabrik der
Hero Honda, dem Motorrad mit den höchsten Ver-
kaufszahlen der Welt, gibt es in der Boomtown.
Allerdings gibt es auch eine Kehrseite der Medail-
le. Den Aufschwung, der in der Stadt fast mit Händen zu greifen ist, machen die niedrigen Löhne für
die Angestellten und Arbeiter möglich. Die Bedin-

gungen sind oft unmenschlich: Arbeitstage von über 14 Stunden, zu kurze oder gar keine Pausen, Räume ohne Belüftung, die nur mit Kunstlicht beleuchtet sind – immer wieder ist in der indischen Presse von frühkapitalistischen Verhältnissen zu lesen. Die Arbeiter, die die Giganten aus Stahl und Glas in die Höhe ziehen, leben oft in jämmerlichen Hütten aus Plastikplanen und Bauabfällen direkt neben den Baugruben. Es sind Wanderarbeiter, die mitsamt ihren Familien hierher gekommen sind, in der Hoffnung auf etwas Lohn. Nicht selten sind es die viel gescholtenen Bangladeschi, die auf diese Weise ihre Arbeitskraft anbieten, eine weitere wichtige Zuwanderergruppe kommt aus dem Nachbarstaat Uttar Pradesh. Auseinandersetzungen der Zugereisten mit den Bürgern der Satellitenstadt, deren Einkommen und Bildungsniveau die der Gelegenheitsarbeiter meist um ein Vielfaches übersteigt, sind programmiert.

Anfang 2008 deckte die Polizei einen Skandal auf, der zeigt, welche Dimensionen die kriminelle Ausbeutung ungelernter Arbeiter annehmen kann. Mit dem Versprechen einer Arbeitsstelle oder guter Bezahlung und ohne seine Opfer über die Folgen aufzuklären, entnahm der Arzt Amit Kumar Hunderten von Menschen Nieren. Bei der Razzia fand die Polizei drei gerade operierte Spender in den Betten des Krankenhauses vor. Die Nieren verkaufte Kumar zusammen mit seinem Bruder und anderen Komplizen über den Organtransplantations-Schwarzmarkt in Großbritannien in die USA, Kanada, Saudi-Arabien oder Griechenland weiter. Auch in seiner Klinik, dem Gurgaon Hospital, setzte Kumar zahlungskräftigen Patienten Nieren ein. Die „Spender" speiste er mit ein paar Rupien und einer notdürftigen medizinischen Nachversorgung ab – manche begriffen erst bei der Vernehmung durch die Polizei, dass ihnen ein wichtiges Organ entnommen worden war.

Als ich an dem Hospital vorbeifahre – ein neben den Bürogebäuden bescheiden wirkendes Gebäude – erinnere ich mich an die Geister von Gurgaons großer Nachbarstadt. Vielleicht ist Gurgaon das neue Delhi unserer Zeit, vielleicht ist der explosionsartige Aufschwung der Stadt aber auch schon bald so sehr Geschichte wie die einstige Größe des Mogulreichs. Dann würden die Geister Alt-Delhis mit denen der Trabantenstadt vereint sein.

Die Straße der Frauen

„Gamilla, gamilla!" In einer langen Kette reichen wir die schweren Blechschüsseln mit dem Zementmatsch weiter. Kaum ist eine der Schüsseln, eine Gamilla, in den Händen eines Helfers gelandet, wandert sie zum Nachbarn weiter. Bald schon sind die Arbeitshandschuhe durchgeweicht – so wie wir, denn es ist heiß: Obwohl es erst Morgen ist, zeigt das Thermometer schon 30 Grad an. Die Zementmasse ist schwer, eine Gamilla lässt sich kaum noch heben, wenn mehr als eine Schaufel von dem grauen Matsch in ihr gelandet ist. Und es scheint kein Ende zu nehmen: Eine Schüssel nach der anderen schütten wir in den großen Holzrahmen, der später mal nur ein Segment von vielen der Straße sein wird. Wir, das sind ein Dutzend Freiwillige aus Deutschland, die für ein paar Wochen nach Indien gereist sind. Gemeinsam mit Straßenarbeitern und Dorfbewohnern aus der Gegend südlich von Nagpur in Maharashtra bauen wir ein kleines Stück Zementweg, einen ganz speziellen Masala Highway. Auf den ersten Blick ein verrücktes Unterfangen: Der Weg führt von der schlecht befestigten Landstraße nur ein paar Meter in Richtung eines flachen Hauses. Nie wird die kurze Trasse zu einer Verkehrsstraße wachsen. Spätestens nach dem zweiten Arbeitstag fragen sich manche, ob diese Arbeit überhaupt sinnvoll ist. Doch es ist keine Straße nach Nirgendwo: Das Haus ist der ländliche Mittelpunkt der Entwicklungshilfe von Ecumenical Sangam. Die indische Organisation unterstützt Dörfer im Süden Nagpurs, eine Industriestadt und zeitweilige Landeshauptstadt Maharashtras, in der zweieinhalb Millionen Menschen leben. Wer in Nagpur ist, befindet sich mitten in Indien – das geografische Zentrum der Republik liegt in der Stadt. Einen Einblick ins indische Dorfleben erhalten die Teilnehmer des Workcamps, an dem ich 1999 teilnehme. Zwei Wochen lang gehören die Vormittage unserem Mini-Straßenbauprojekt, nachmittags und an den Tagen, an denen diese Arbeit ruht, begleiten wir die Mitarbeiter des Ecumenical Sangam auf ihren Dorfbesuchen. Die meisten der Dorfbewohner sind Bauern und Landarbeiter, und die Region um Nagpur gehört zu den vielen ländlichen Gebieten, in denen die Menschen mit großen Schwierigkeiten zu kämpfen haben. „In der Gegend um Nagpur bereiten Dürren und Wasserknappheit große Probleme", erklärt mir Jona Aravind Dohrmann. Jona leitet unsere Reise und ist der Vorsitzende der „Deutsch-Indischen Zusammenarbeit". Der Verein mit Hauptsitz in Frankfurt am Main bietet Jahr für Jahr mit Studienreisen verbundene Kurzprojekte an, die Workcamps, und ist der deutsche Partner von Ecumenical Sangam.

Wasser und Erosion sind in vielen Gegenden Indiens ein Thema. In den Sechzigerjahren gelang es der indischen Regierung zwar kurzfristig mit einer ehrgeizigen Landwirtschaftsreform, der sogenannten Grünen Revolution, für eine ausreichende Nahrungsversorgung zu sorgen. Der Name der Reform täuscht. Mit grüner, also ökologischer Landwirtschaft hat sie wenig zu tun: Sie brachte den indischen Bauern den massenhaften Einsatz von chemischem Dünger und Schädlingsbekämpfungsmitteln, den Anbau speziell gezüchteter, ertragreicher Sorten und mehr Maschineneinsatz im Ackerbau. Hungerkrisen gehören in Indien seitdem der Vergangenheit an, im Gegenteil: Das Land ist heute Weizen- und Reisexporteur. Der Preis dafür war aber hoch und wird bis heute abbezahlt: Viele ehemals fruchtbare

Böden sind durch falsche Behandlung verloren, zum Beispiel durch den Verlust der fruchtbaren Ackerkrume oder gesunkene Grundwasserspiegel.

Das Straßenstück, an dem wir bauen, gehört zu einer Musterfarm des Entwicklungshilfeprojekts. Die große ebene Steinfläche eignet sich hervorragend, um Getreide zu dreschen oder Feldfrüchte zu trocknen. „Vor allem können die Dorfbewohner hier sehen, was möglich ist. Nein, was ein paar Leute möglich machen können, wenn sie zusammenarbeiten", sagt Jona. Das gilt auch für die anderen Projekte der Farm: Auf den Feldern um das Haus werden Pflanzen angebaut, die Bauern nicht nur kurzfristigen Gewinn bringen. Eine Anlage auf lange Sicht sind zum Beispiel Teakbäume. Die können zwar erst nach Jahrzehnten gefällt werden, erhöhen aber den Wert des Landes, auf dem sie stehen, und schützen vor Erosion. Seitdem sind weitere Projekte mit Modellcharakter hinzugekommen: Regenwasserspeicher oder ein Feld, auf dem Seidenraupen gezüchtet werden, biologische Landwirtschaft – Schritt für Schritt wird die Farm ausgebaut.

Während ich mit zwei anderen Teilnehmerinnen aus Deutschland einen Haufen Kies, einen Zementsack und Wasser mit Schaufeln zu einem zähen, grauen Brei zusammenrühre, kommen einige Dorfbewohner vorbei. Sie lachen, als sie uns sehen. Unsere Kleider und Haare sind dreckig, und der Anblick körperlich schuftender weißer Frauen ist für sie besonders interessant. Die Jungs sprechen nur Marathi, verstehen aber nach einigem Gewinke von uns dreien, dass wir jede Hilfe gebrauchen können – und halten sich in sicherem Abstand. „Na klar, nur gucken, nicht anfassen!", spottet eine meiner Mit-Mischerinnen. Ein paar junge Inderinnen, die später vorbeikommen, reagieren ganz anders. Nachdem sie mit einer der Mitarbeiterinnen vom Ecumenical Sangam gesprochen haben, warten sie nicht lange, schieben die bunten Schals über ihren Schultern zurecht und packen mit an.

Sie gehören zu den Schülerinnen, die die Nähschule besuchen, die der Sangam in dem Haus eingerichtet hat. So wie sie sich ans Werk machen, merkt man, dass die Mädchen – alle unter zwanzig – normalerweise nicht nur mit Nadel und Faden arbeiten. Anders als wir schaffen sie es, ihre schönen Kleider dabei nicht zu beschmutzen, und versprühen sogar noch jede Menge gute Laune.

Abends, als wir zurück in Nagpur sind, erzählen wir Jona von unseren Erlebnissen. Es sei bezeichnend, dass es die Mädchen gewesen seien, die mitgeholfen hätten. „Frauen sind offener für Neuerungen und interessieren sich dafür, wie man Dinge verbessern kann", sagt er. Deswegen richteten sich die Ausbildungsangebote des Ecumenical Sangam überwiegend an Frauen.

„Und was hat Nähen mit Landwirtschaft und Wassermangel zu tun?", frage ich zurück. „Brunnen und Wassersammelbecken für die Bewässerung zu schaffen, ist nur ein Schritt zur Verbesserung der Lebensbedingungen", antwortet Jona. Entwicklungshilfe wie die von Ecumenical Sangam müsste auch soziale Sicherheit schaffen, denn sonst könnten einzelne Erfolge von unvorhergesehenen Ereignissen schnell zunichte gemacht werden. Soziale Sicherheit sei aber am besten zu erreichen, wenn man Frauen unterstütze.

Am nächsten Tag lerne ich die Nähschule und den angeschlossenen Kindergarten in Bamhani besser kennen. „Die Mädchen hier können sich besser verheiraten lassen, wenn sie eine einfache Ausbildung haben", erklärt mir die Mitarbeiterin, die die Schule betreut und uns während unserer Mittagspause – es gibt Reis, Dal und Gemüse – die Einrichtung zeigt. In Indien sind es meist die Eltern, die entscheiden, mit wem ihre Kinder die Ehe eingehen.[1] Bei der Auswahl spielen die Kastenzugehörigkeit und die Position der Gestirne zum Zeitpunkt der Geburt von Braut oder Bräutigam eine Rolle, aber bei den Heiratsverhandlungen wird auch über Geld gesprochen. Selbst wenn die Eltern des Bräutigams darauf verzichten, eine Mitgift, die *Dowry,* zu verlangen, erwarten sie von der Schwiegertochter in spe, dass sie ihren Beitrag zum Familieneinkommen leistet. Und das kann eine junge Frau, die ein Zubrot als Näherin verdient, besser als eine, die nur als Haushaltshilfe im eigenen Heim arbeitet.

Die Tradition der Dowry, mit der vor hundert Jahren Neuvermählten in Form von ein paar Töpfen und Textilien ein Fundament für den gemeinsamen Haushalt gegeben wurde, ist der Grund für eines der schwerwiegendsten sozialen Probleme Indiens. Denn mit ein paar Rupien ist es bei der Mitgift nicht getan. Nicht wenige Bräutigamsfamilien erwarten Klimaanlagen, Motorräder, Fernseher und andere Unterhaltungselektronik – die Wunschlisten erreichen beliebige Länge. Um so eine Supermitgift zusammenzukaufen, müssen die Familien der Braut hohe Kredite aufnehmen, die sie nie zurückzahlen können. Daher ist die Dowry-Praxis eigentlich seit fast einem halben Jahrhundert verboten. Doch ein Blick in die Heiratsanzeigen einer indischen Zeitung zeigt, dass die ins Absurde entglittene Tradition nach wie vor sehr lebendig ist. Unter „Husbands wanted" ist immer wieder zu lesen: „No dowry, please!".

---

1   Zur Praxis der Eheschließungen siehe das Kapitel „Die Götter auf der Straße".

Viel zu häufig nimmt die Tragödie um das Geschäft mit der Mitgift seinen Lauf, wenn die Hochzeit vorüber ist und Dowry samt Braut im Haus der Familie des Bräutigams verschwunden sind. Immer wieder kommt es zu nachträglichen Forderungen, weil die Familie glaubt, nicht genug für ihren Sohn erhalten zu haben – oder plötzlich bemerkt, dass andere Töchter noch zahlungsfähigere Eltern haben. Kommt es zu keiner Nachzahlung, geschieht der Braut oft ein Haushaltsunfall: Treppenstürze und explodierende Gasherde fordern unter jungen Ehefrauen Indiens auffällig viele Opfer. Dahinter stecken Ehemänner, Schwiegerväter und sogar Schwiegermütter, die die jungen Frauen verprügeln oder mit Säure beziehungsweise brennendem Benzin übergießen. Das Gesetz gegen häusliche Gewalt, in Kraft seit 2005 und auch wegen der Brautmorde erlassen, bringt einen Überblick über die aktenkundig gewordenen Fälle: Nach etwas über einem Jahr hatte sich die Anklage bereits achttausend Mal auf dieses Gesetz gestützt. Vermutlich deutlich höher ist die Dunkelziffer der nie angezeigten Fälle: Die frühere Ministerin für Frauen und Kinder, Renuka Chowdhury, sagt, dass jährlich etwa sechstausend Frauen in Indien durch Anschläge in ihren Familien umkommen.

Da das Verbot der Mitgift allein nichts gebracht hat, setzt man heute darauf, die jungen Frauen zu unterstützen. Hier kommen Projekte wie die Nähkurse in Bamhani ins Spiel. Je mehr eine Frau fähig ist, selbst Geld zu verdienen, umso niedriger ist die Dowry, die für ihre „Übernahme" verlangt werden kann – und umso mehr wird sie vor Übergriffen durch ihre neue Familie geschützt sein. Frauen, die Opfer häuslicher Gewalt sind, bietet Ecumenical Sangam eine Beratungsstelle an: Eine Sozialarbeiterin und zwei Kolleginnen hören zu, klären die Frauen über ihre Rechte auf und schlagen Wege der Vermittlung vor. Die Existenz der Beratungsstelle bringt das Thema ins Bewusstsein der Dorfbewohner, Täter können nicht mehr damit rechnen, dass niemand nachfragt, wenn sich ein Opfer auffällig verhält – auch das schützt Frauen vor Gewalt.

Auch der Kindergarten des Ecumenical Sangam ist mehr als ein Hort. Am Nachmittag werde ich Zeuge, wie die Kleinen eine Art Vorschulunterricht erhalten. Diese Kinder, erfahre ich, sollen später, wenn sie in die Grundschule kommen, so gute Schüler sein, dass sie dort leichter Lesen, Schreiben und Rechnen lernen. Das erhöhe ihre Chancen, eine weiterführende Schule besuchen zu dürfen. Selbst wenn dies nicht möglich sein sollte, weil sie früh zum Unterhalt der Familie beitragen müssen, wären sie dann wenigstens keine Analphabeten, erklärt mir die Kindergärtnerin in gebrochenem Englisch. Je höher aber der Bildungsstandard, desto mehr wissen Menschen um die eigenen Rechte und sind bereit, mit Traditionen zu brechen – auch mit dem Dogma der bis in den Tod gehorsamen Ehefrau und Schwiegertochter. Ebenfalls problematisch für die Stellung der Frau in Indien ist ein Hindu-Ritual bei der Totenbestattung. Der Tod wird von Hindus nicht nur als das Ende des Lebens, sondern als wichtige Station im immer wiederkehrenden Kreis von Geburt, Sterben und Wiedergeburt angesehen. Es sind die Söhne, denen die Aufgabe zufällt, die Gebete und Rituale bei der Feuerbestattung des Vaters durchzuführen, und den Ahnen zu opfern. Dies ist ein weiterer Grund, warum viele Hindu-Väter großen Wert darauf legen, dass ihnen ihre Frauen keine Töchter, sondern Söhne gebären. Überdies hat man nicht beliebig viele Versuche: Zum einen weil eine große Zahl von Töchtern irgendwann ja auch die Ausrichtung entsprechend vieler teurer Hochzeiten bedeutet, aber auch wegen der indischen Zwei-Kind-Politik. Die Regierung wirbt mit Slogans wie „Do bachchee bas!" – Zwei Kinder sind genug oder „We two and our two" – Wir zwei und unsere zwei – für freiwillige Geburtenkontrolle. Damit will sie das Problem der Überbevölkerung in Griff bekommen. Nicht alle richten ihre Familienplanung auf dieses Ziel aus. Das Programm setzt – anders als in China, in der die Ein-Kind-Familie verordnet ist – auf Freiwilligkeit und Aufklärung. Doch wer einen Regierungsjob möchte, achtet besser darauf, keine zu große Kinderschar zu Hause zu haben.

Die Gründe der Abneigung gegenüber Töchtern sind von Region zu Region verschieden, und eine allgemeingültige Erklärung für alle sozialen Schichten und Religionsgruppen ist – wie so oft in Indien – nicht möglich. Doch es ist denkbar, dass ein frommer Hindu es als Problem empfindet, wenn seine Frau die zweite Tochter, aber keinen Sohn geboren hat.

„So weit muss es ja nicht kommen", meinen da viele Schwangere und machen sich auf zum nächsten Arzt. Die moderne Schulmedizin bietet seit Jahren verschiedene Möglichkeiten, das Geschlecht von Neugeborenen zu kontrollieren. Als Ergebnis verzeichnet Indien einen besorgniserregenden Frauenmangel – auf zehn neugeborene Jungen kommen nur etwa neun Mädchen, wobei sich der Abstand zwischen den beiden Zahlen immer weiter vergrößert. In mehreren Bundesstaaten sind Ultraschalluntersuchungen zur vorgeburtlichen Geschlechtsbestimmung deshalb verboten. Zu oft werden Ungeborene abgetrieben, nur weil sie weiblich sind. Eine Abtreibung kostet etwa 100 Euro, nach Schätzungen von Nicht-Regierungsorganisationen sind bei 1 000 Eingriffen nur etwa fünf männliche

Föten betroffen. Wo das Geld fehlt, kommt es vor, dass neugeborene Mädchen nach der Geburt getötet werden – eine verbotene, aber in ländlichen Gegenden von den Behörden häufig nicht verfolgte Vorgehensweise.

Dass so etwas in Indien möglich ist, ist kaum zu glauben, wenn man den Umgang von Indern mit Kindern, auch mit Mädchen, sieht. Ich habe nie indische Eltern erlebt – Menschen, die von Hunger, Krankheit und Armut verzweifelten, ausgenommen –, die ihre Kinder nicht innig liebten und sie entsprechend behandelten. Mehr Zeit für Kinder? Es scheint, als würden Inder eher auf Schlaf und Essen verzichten, als darauf, Zeit mit ihren Dreikäsehochs zu verbringen. Alte Herren mit weißem Haarkranz, die gerade noch vor einem Besucher patriarchalische Würde demonstrierten, verwandeln sich in verspielte Großväter, sobald der Enkel auftaucht – oder die Enkelin. Seit Mitte der Neunzigerjahre diskutieren die Politik und die Intellektuellen des Landes, darunter der Nobelpreisträger Amartya Sen, die Rolle der Frau und das Problem der Gleichberechtigung in Indien. Die große Lösung scheint es nicht zu geben – stattdessen sind wohl viele kleine Lösungen nötig.

Eine dieser kleinen Lösungen erlebe ich, als ich gemeinsam mit den anderen Teilnehmern des Workcamps eine der Dorfkrankenschwestern von Ecumenical Sangam begleite. „Ursprünglich ging es dem Ecumenical Sangam um die Verbesserung der medizinischen Versorgung in den Dörfern", erzählt Jona Dohrmann. Jonas Vater war Pfarrer einer Frankfurter Gemeinde. Gemeinsam mit seiner indischen Ehefrau und deren Bruder, dem Arzt Dr. Mukerjee, begann er Anfang der Siebzigerjahre – auf Anforderung des von Dr. Mukerjee geleiteten Krankenhauses und mit Unterstützung von „Dienste in Übersee", dem evangelischen Personaldienst[2] – Entwicklungshilfe in der Gegend um Nagpur zu leisten. Inzwischen hat Ecumenical Sangam über sechzig Angestellte, darunter die Gesundheitshelferinnen. Die meisten Mitarbeiter gehören selbst zu den Dorfbewohnern. Das schafft Nähe, und die ist auch nötig: bei den Behandlungen kleinerer Wehwehchen, wie beispielsweise der Verschreibung einer Anti-Mücken-Salbe für ein von Insekten übel zerstochenes Kleinkind, aber auch für die Arbeit der Helferinnen als medizinische Aufklärerinnen. Die Hilfsschwester hat eine große Tasche dabei. In einer Hütte versammeln sich die Frauen des Dorfes. Im Hintergrund hängt eine Wiege an einem Haken von der Decke, in der ein Säugling schläft, und außer einem *Charpoy,* einem Bettgestell mit einer Auflage aus stramm gespannten und ineinander verflochtenen Stoffbändern gibt es keine großen Möbel. In die Wände eingelassene Nischen ersetzen die Schränke, in einer Ecke läuft der Fernseher. Die Frauen setzten sich in einem Halbkreis auf den Lehmboden um die Schwester herum, die farbig bedruckte Tafeln von der Größe eines Schreibbogens aus der Tasche holt. Mit solchen „Flashcards" wird Aufklärungsunterricht gegeben – über Verhütung, wie man sich vor der Ansteckung mit dem HI-Virus schützt, aber auch zu Hygienefragen und wie lange man Wasser kochen muss, bis man es ohne Bedenken einem Säugling zu trinken geben kann. Etwas verlegen kichern die Frauen, immer wieder zupfen sie sich die Tücher über ihren Köpfen ein bisschen tiefer in die Stirn. Ich verstehe und verziehe mich vor die Hütte – die Anwesenheit eines Mannes macht den Unterricht für die Sangam-Helferin nicht

---

2 Heute „Evangelischer Entwicklungsdienst".

leichter. In Erinnerung behalte ich aber das Interesse in den Augen der Dorffrauen, als die Schwester die Flashcards aus der Tasche holte.

Mückensalbe zu überreichen und Anleitungen zum Händewaschen zu erteilen, mag nicht spektakulär klingen. Doch die regelmäßigen Besuche der Gesundheitshelferinnen, die Anlaufstellen des Ecumenical Sangam in Bamhani, Nagpur und inzwischen auch in drei anderen Dörfern bilden für viele Angehörige der armen Landbevölkerung die einzige Möglichkeit, Vertrauen aufzubauen und Gelerntes nicht gleich wieder zu vergessen.

Eine zentrale Rolle spielen Frauen auch bei einem anderen Projekt, das der Ecumenical Sangam betreibt, wobei er ein ähnliches Muster wie viele vergleichbare Organisationen in Indien verfolgt. Seit 2008 werden den Absolventinnen der Nähschule Kleinstkredite angeboten. Bei den Krediten geht es um Summen von dreißig, vielleicht fünfzig Euro – für uns nicht viel Geld, doch in einem indischen Dorf ein kleines Vermögen. Jede, die einen solchen Kredit beantragt, muss an einer einfachen Einführung in Geschäftsführung teilnehmen. Wie plane ich ein Unternehmen, wie gewinne und halte ich Kunden, was ist der Unterschied von Umsatz und Gewinn? So vorbereitet, können die Frauen eigene Mini-Unternehmen gründen: Das Darlehen – über die Vermittlung der Deutsch-Indischen Zusammenarbeit stellte das Hessische Wirtschaftsministerium Geld zur Verfügung – ermöglicht zum Beispiel den Kauf einer Nähmaschine und von Stoffen. So können die Frauen den Grundstein für ihren eigenen persönlichen Erfolg legen – und geben dabei ihrer ganzen Familie die Zukunftssicherheit, die sie braucht. Mit dem Geld, das so zusätzlich verdient wird, können auch Dürreperioden und Missernten überbrückt werden, die sonst eine ganze Großfamilie ins Elend stürzen würden.

Die Idee der Mikrokredite ist nicht nur nobelpreis-
verdächtig – einer ihrer bekanntesten Fürsprecher
hat ihn bereits bekommen. Muhammad Yunus,
der 2006 mit dem Friedensnobelpreis geehrt wurde, gründete 1983 in Bangladesch die Grameen
Bank. Armut könne besser von unten anstatt mit
Hilfe großangelegter staatlicher oder internationa-
ler Förderprogramme bekämpft werden, befand er.
Bald erwies sich, dass seine Bank das Geld häufiger
wiedersieht, wenn die Kredite an Frauen vergeben
werden. Die Bank zahlt die Beträge nicht an Einzel-
personen aus, sondern an Gruppen von fünf Männern oder Frauen, die füreinander bürgen. Nicht
alle Gruppenangehörigen erhalten sofort ihren Anteil, sondern erst, wenn die ersten beiden Kreditnehmer mit der Rückzahlung begonnen haben. So
wird sichergestellt, dass die Darlehen tatsächlich in-
vestiert werden. Die Vergabepraxis führte zu einem
deutlichen Hinweis darauf, wer die besseren Unternehmer sind: Etwa 95 Prozent der Kreditnehmer der
Grameen-Bank sind heute weiblich.

Nach zwei Wochen ist die letzte Gamilla über der
Trasse ausgeleert und der Zement getrocknet. Ganz
fertig geworden sind wir nicht, doch wir wissen,
dass die Leute von Bamhani beenden werden, was
wir gemeinsam begonnen haben. Ein paar Freund-
schaften habe ich geschlossen, wie mit Siddarth, mit
dem das Arbeiten auch ohne Worte Spaß machte.
Heute kommt es mir fast so vor, als verhielte es sich
mit dem, was der Ecumenical Sangam in den letzten
zehn Jahren aufgebaut hat, ähnlich wie mit unseren
Erfahrungen bei dem Bau der kurzen Straße. Nicht
immer ist abzusehen, ob ein Projekt die erhoffte Wirkung erzielt. Nicht alles wird sofort und gleich fertig – allerdings auf jeden Fall schneller, wenn Frauen

mit von der Partie sind. Aber auch wenn einmal etwas nicht so gut klappt: Die Straßen, Auffangbecken,
Schulgebäude sind nicht der Kern der Entwicklungsarbeit, auch wenn Dinge wie diese zur Verbesserung
des Lebens viel beitragen. Noch bedeutender ist es,
dass solche Ziele gemeinsam erreicht werden. Und
das Gemeinsame der Arbeit in Bamhani hat positive
Nebenwirkungen: Wie manch anderer Abstecher auf
dem Masala Highway gab mir das Gelegenheit, nicht
nur vieles über Indien und seine Menschen zu erfahren, sondern auch über mich selbst.

Es sind Erfahrungen wie diese, die mich wieder und
wieder nach Indien zurückkehren lassen. Das Land
ist immer für eine Überraschung gut. Und das macht
es möglich, den Alltag – auch den eigenen – mit anderen Augen zu sehen.

Die Deutsch-Indische Zusammenarbeit e.V. (DIZ)

Völkerverständigung, die Verbesserung der Lebensbedingungen der armen Bevölkerung in Indien sowie entwicklungspolitische Bildung in Deutschland sind die wichtigsten Ziele der Arbeit der DIZ. Einen Überblick über die Projekte des Vereins gibt die Webpräsenz *www.diz-ev.de*. Sie bietet außerdem Informationen zu Veranstaltungen des Vereins in Deutschland. Die Homepage des indischen Partners der DIZ, Ecumenical Sangam, ist unter *www.sangamonline.org* zu erreichen. Man kann auch vor Ort den Alltag in Indien und vor allem der ländlichen Region um die Stadt Nagpur kennenlernen, in der die meisten Aktivitäten der Vereine angesiedelt sind. Jedes Jahr bietet die DIZ Interessierten aus ganz Deutschland und dem Ausland Workcamps sowie Freiwilligendienste an. Die Freiwilligendienste gehören zum *weltwärts*-Programm des Bundesministeriums für wirtschaftliche Zusammenarbeit und Entwicklung. Wie bei dem im Buch beschriebenen Beispiel widmet sich ein Teil des Aufenthalts der Entwicklungsarbeit bei Nagpur, außerdem wird den Teilnehmer von der DIZ eine Studienreise in unterschiedliche Teile Indiens angeboten.

Für Ihren Beitrag beim Kauf dieses Buches bedanken wir uns im Namen der Bewohner der Dörfer in der Gegend von Nagpur ganz herzlich! Natürlich sind auch direkte Spenden an die DIZ willkommen. Nutzen Sie das Spendenkonto:

Deutsch-Indische Zusammenarbeit e.V.
EKK (Evangelische Kreditgenossenschaft Kassel)
Kontonummer: 400 41 08
Bankleitzahl: 520 604 10

Anhang: Typisch Bollywood

Wiederkehrende Abläufe in Filmhandlungen und Rollenkli-schees im kommerziellen Hindi-Film – eine Auswahl.

Frauen

Westliche Frauen sind leicht zu haben – diese Botschaft signalisierten bis vor wenigen Jahren viele indische Filmproduktionen. Ein indisches Mädchen dagegen wird normalerweise tugendhaft, brav und sittsam dargestellt. Ein bisschen mit den Augen zu klimpern oder Spaß an bunten Saris zu haben, ist in Ordnung. Tabu sind aber das Zeigen von viel Haut, erotische Filmszenen oder eindeutige Gesten bei Tanzeinlagen. Die Kunst des gerade noch vermiedenen Grenzüber-tritts wird freilich bis zum Äußersten getrieben. Einen Schritt weiter sind die westlich aussehenden Schau-spielerinnen. So scheint es, als würden blonde Back-groundtänzerinnen in gürtelschmalen Miniröcken ge-boren werden und als seien sie bereit, diese jederzeit abzustreifen. Allerdings treten mittlerweile immer seltener westliche Frauen in den Tanzszenen auf, und gleichzeitig ist auch die Bekleidung der indischen Tän-zerinnen deutlich knapper geworden. Für die weib-lichen Hauptrollen gilt nach wie vor: Je erotischer eine Frauenfigur auftritt, umso größer ist die Wahrschein-lichkeit, dass sie das Happy End nicht erlebt.

Männer

Der indische Leinwandheld ist sportlich, humor-voll, gut gebaut (so mancher indische Adonis der

Leinwand zeigt auch ein bisschen Babyspeck), ent-
scheidungsfreudig – und hetero. Im Hindi-Film
kann ein Macho aber auch Tränen vergießen und
trällernd über die Leinwand springen, ohne dass
die nächste Prügelszene dadurch vom Publikum als
unglaubwürdig angesehen würde. Erotische Gefühle sind immer aufs andere Geschlecht gerichtet: Männerfreundschaften sind zwar oft Teil der
Handlung, schwule Helden gibt es in Bollywood-
Filmen aber keine. Ein Beispiel, in dem immerhin
mit Homoerotik gespielt wird: *Dostana* (das Remake
von 2008). Sehr sehenswert ist Deepa Mehtas *Fire
– Wenn Liebe Feuer fängt* (1996), ein Drama um die
Liebe zwischen zwei Inderinnen. Der kanadische
Film ist allerdings alles andere als ein Bollywood-
Spektakel und wurde vom breiten indischen Publi-
kum nicht wahrgenommen. Viele indische Kritiker
feinden die Regisseurin wegen des Bildes, das ihre
Filme vom Subkontinent zeichnen, an.

Mit Wasserkraft

Das Verbot von Nackedeis und eindeutigen Sexszenen stellt eine Branche, zu deren wichtigsten Themen die Liebe gehört, vor Probleme. Allerdings
keine, die die indischen Filmemacher nicht lösen
könnten. Anstelle wilder Kussszenen und blanker
Brüste gehen die Hauptdarsteller baden. Bekleidet,
versteht sich. Eine dieser „Wet Sari Scenes", der Ein-
stellungen im durchweichten Sari, gibt es in fast
jedem Bollywood-Film und immer wieder in indischen Musikvideos. Alle im Kinosaal sind sich einig: Da Wasser als spirituell rein angesehen wird,
kann es ja nichts Schlimmes bedeuten, wenn die
Kleider der Heldin oder des Helden am Körper kle-

ben. Ein Schuft, wer Böses dabei denkt, wenn die Stoffe dabei an manchen Stellen durchsichtig werden. Wie erotisch die Szene wirkt, ist unter anderem abhängig von der Quelle des nassen Glücks: Die Heldin im warmen Regen oder besprüht von einer beleuchteten Fontäne bedeutet pure Romantik. Ein Sturm symbolisiert wilde Leidenschaft. Und findet sich jemand unversehens unter einem Wasserfall wieder, sind der Fantasie des Publikums keine Grenzen mehr gesetzt.

Verbotene Liebe

Verliebt, verlobt, verheiratet? Während das mit dem Verlieben oft schon in den ersten Minuten einer Bollywood-Komödie über die Leinwand geht, sind die folgenden Stunden oft der Überwindung verschiedener Hindernisse gewidmet, bevor Held und Heldin die beiden anderen Schritte gehen können. Religiöse, familiäre, finanzielle oder ethnische Gründe können dagegen sprechen, die Vorlagen aus der indischen Wirklichkeit sind da zahlreich. Anders als im wirklichen Leben kommen Held und Heldin aber am Ende, zumindest auf der Deutungsebene, doch zusammen – und lösen damit nebenbei auch noch alle anderen Konflikte in Reichweite.

Der wohl bedeutendste Vertreter dieses Sujets, allerdings mit tragischem Ende, ist *Devdas*. Die erste Fassung des Melodrams hat das indische Kino 1928 geschaffen, 2002 erschien eine abgemilderte Interpretation. Beispiele aus der Welt der Bollywood-Komödie mit eindeutigerem Happy End sind *Dilwale dulhania le jayenge – Wer zuerst kommt, kriegt die Braut* (1995) oder *Jab we met* (2007).

Die Welt ist ein gepflegtes Dorf

Wer indische Städte nur aus Bollywood-Filmen kennt, wird beim ersten Besuch von der Wirklichkeit überrascht sein. Im Film gibt es in der Stadt wenig Verkehr, die Leute kennen sich und sind freundlich zueinander, und sogar der Staub auf den sonst glänzenden Rikscha-Karosserien sieht sauber aus. Freilich wollen Bollywood-Filme nicht realistisch sein, aber die Idealisierung des Lebens wird bei städtischen Kulissen auf die Spitze getrieben. Gut zu sehen beispielsweise in *Om Shanti Om* (2007).

Die Doppelrolle

Wenn ein Star besonders erfolgreich ist, darf er mehrere Rollen in einem Film spielen. Das zieht die Zuschauer unter Garantie in die Kinosäle, und der Star kann beweisen, wie vielseitig seine oder ihre schauspielerischen Fähigkeiten sind. Zu den Filmen mit Doppelrollen der letzten Jahre zählt *Aankhen* (1993) mit Govinda oder *Dushman* (1998) mit Kajol. Shah Rukh Khan durfte sogar schon dreimal doppelt spielen: außer im bereits erwähnten *Om Shanti Om* in *Duplicate* (1998) und nochmals in *Rab ne bana di jodi – Ein göttliches Paar* (2008).

Zwei Brüder

Familie ist für den indischen Alltag bestimmend – umso weniger verwundert es, dass Familienbande immer wieder als Vorlage für Bollywoods Filmhandlungen dienen. Ein beliebtes Thema sind Bruderzwiste: Das Schicksal, der Bösewicht oder die

Liebe zu einer Frau trennt die beiden, oft schon in der Kindheit. Während der eine verführt wird, gegen Gesetz und Anstand (oder einfach nur im Ausland) zu leben, kann der andere keiner Fliege etwas zuleide tun, obwohl ihm das ein ärmliches Dasein beschert. Am Ende gibt es zwei Möglichkeiten: Der Verführte überwindet das Schicksal, schwört dem Bösen ab, gibt die Heldin für die Liebe seines Bruders frei – und wird geläutert in die offenen Arme der zugleich von Armut erlösten Familie aufgenommen. Alternativ findet der Kampf um die Heldin des Films in einer langen Prügelszene zwischen den Brüdern ihren Höhepunkt. Hier nutzt der Verführte nochmals jede Gelegenheit, seinen unumkehrbar verdorbenen Charakter zu beweisen. Schließlich erhält er wie bei einem Gottesurteil seine wohlverdiente Strafe. Unbedingt sehen: *Khabi kushi khabi gham – In guten wie in schweren Tagen* (2001) als Beispiel für die Happy-End-Version, mit Shah Rukh Khan und Hrithik Roshan als Brüder. *Main hoon na – Ich bin immer für dich da* (2004) variiert das Bruderthema. Diesen Film zeichnet auch eine weitere Besonderheit aus: Er ist das Regie-Erstlingswerk von Farah Khan, die *auch Om Shanti Om* drehte. Regisseurinnen sind in Bollywood neben der Vielzahl ihrer männlichen Kollegen immer noch die Ausnahme.

Der Vater

Meist ist die Figur des Vaters über Gut und Böse erhaben. Macht ein Vater doch einmal einen Fehler, sind seine Gründe dafür für das Publikum nachvollziehbar. Für das Verhalten der anderen Charaktere im Film ist seine Haltung bestimmend. So verhängnisvoll die Entscheidungen eines Filmvaters sein können, so selbstlos verhält er sich, um seine Familie zu schützen: Ohne Zögern riskiert der Vater eines Helden oder einer Heldin sein Leben. Allerdings werden, um das Leben des Vaters zu retten, von den Drehbuchschreibern auch gewagte logische Sprünge in Kauf genommen. Der Bollywood-Vater schlechthin ist Amitabh Bachchan in *Kabhi kushi kabhi gham*. Der einzige Hindi-Film – allerdings kein typischer Bollywood-Film –, in dem die Figuren nicht nur auf der Leinwand, sondern auch im Leben Vater und Söhne sind, ist *Apne* (2007).

Das vertrottelte Dickerchen

Er hat die Rolle eines einfachen Hausangestellten oder des Nachbarn von nebenan: In sehr vielen Hindi-Filmen gibt es eine – meist männliche – Figur, die mit dummen Kommentaren, kindlicher Sprache und einem Hang zu Missgeschicken für Lacher sorgt. Dabei ist sie für den Handlungsverlauf meist unwichtig, oft ist ihre einzige Funktion, ein Gegenklischee zum Helden zu sein. Wie Shakespeares Dogberry in *Viel Lärm um nichts* lockert die Figur die Handlung auf und steuert eine weitere Zutat zum Masala eines Bollywood-Films bei. Prägend für das Phänomen: der Komödiant Johny Lever. In fast allen seinen Rollen, insgesamt spielt er seit den Achtzigerjahren in etwa 140 Filmen mit, mimt er eine Witzfigur.

Mini-Sprachführer

Sonne reimt sich auf Wonne, Liebe auf Triebe. Ein Dutzend der beliebtesten Hindi-Worte in Bollywood-Filmtiteln und der Texte ihrer Soundtracks:

Dil	–	Herz
Diwana	–	verrückt, ausgeflippt
Dost	–	Freund
Duniya	–	Welt
Jivan	–	Leben (etwas gehobener als → Zindagi)
Kushi	–	glücklich
Pagal	–	wild, verrückt
Pyaar	–	Liebe
Safar	–	Reise
Sanam	–	Liebling
Zindagi	–	Leben (im täglichen Sprachgebrauch verwendet, vgl. → Jivan)

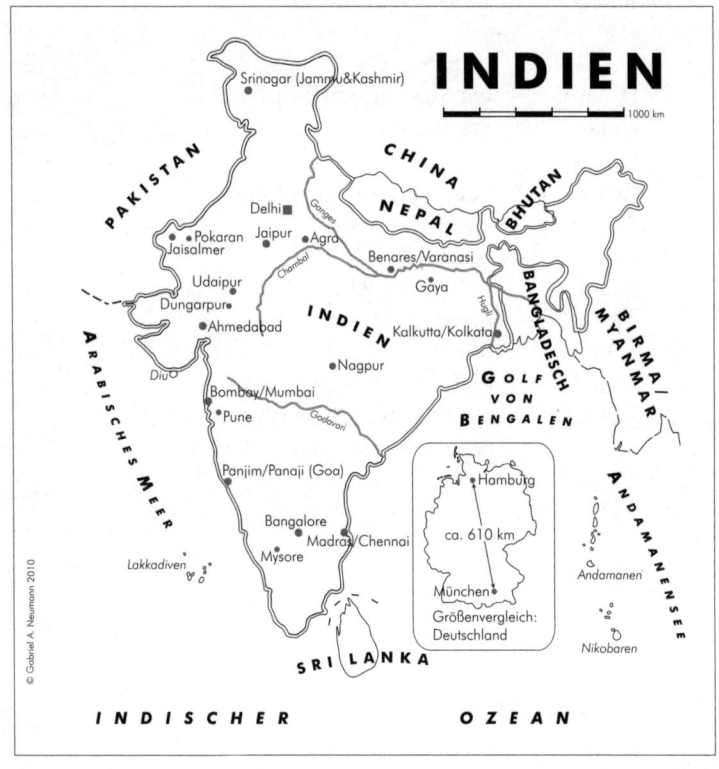